파스타로 맛보는
후룩후룩 이탈리아 역사

PASUTA DE TADORU ITARIA SHI
by Shunichi Ikegami

ⓒ 2011 Shunichi Ikegami
All rights reserved.
First published 2011 by Iwanami Shoten, Publishers, Tokyo.
This Korean edition published 2015
by Dolbegae Publishers, Paju
by arrangement with the proprietor c/o Iwanami Shoten, Publishers, Tokyo.

파스타로 맛보는 후룩후룩 이탈리아 역사

이케가미 슌이치 지음 | 김경원 옮김 | 김중석 그림

2015년 9월 7일 초판 1쇄 발행
2018년 11월 2일 초판 4쇄 발행

펴낸이 한철희 | **펴낸곳** 돌베개 | **등록** 1979년 8월 25일 제406-2003-000018호
주소 (10881) 경기도 파주시 회동길 77-20 (문발동)
전화 (031) 955-5020 | **팩스** (031) 955-5050
홈페이지 www.dolbegae.co.kr | **전자우편** book@dolbegae.co.kr
블로그 imdol79.blog.me | **트위터** @dolbegae79 | **페이스북** /dolbegae

책임편집 우진영·권영민 | **표지디자인** 김동신 | **디자인** 이은정
마케팅 심찬식·고운성·조원형 | **제작·관리** 윤국중·이수민 | **인쇄·제본** 상지사 P&B

ISBN 978-89-7199-687-4 03920

책값은 뒤표지에 있습니다.

이 도서의 국립중앙도서관 출판예정도서목록(CIP)은 서지정보유통지원시스템 홈페이지(http://seoji.nl.go.kr)와
국가자료공동목록시스템(http://www.nl.go.kr/kolisnet)에서 이용하실 수 있습니다.(CIP제어번호: CIP2015020673)

파스타로 맛보는
후룩후룩 이탈리아 역사

이케가미 슌이치 지음 ● 김경원 옮김 ● 김중석 그림

pasta

돌베개

맛있는
파스타 드세요!

(왼쪽) 파파르델레 알 친기알레 (오른쪽 위) 피치 알 아마트리차나
(오른쪽 아래) 토르텔리 디 파타테 알 라구

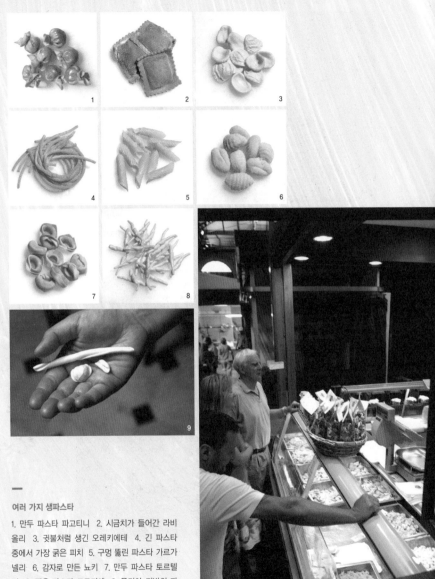

여러 가지 생파스타

1. 만두 파스타 파고티니 2. 시금치가 들어간 라비올리 3. 귓불처럼 생긴 오레키에테 4. 긴 파스타 중에서 가장 굵은 피치 5. 구멍 뚫린 파스타 가르가넬리 6. 감자로 만든 뇨키 7. 만두 파스타 토르텔리 8. 짧은 파스타 트로피에 9. 풀리아 지방의 파스타 (위) 트로콜리 (왼쪽 아래) 오레키에테 (오른쪽 아래) 카바텔리 10. 3대째 내려오는 생파스타 장인의 가게(피렌체, 산 로렌초 중앙 시장)

토마토와 토마토소스   1. 토마토는 16세기 중엽에 신대륙에서 이탈리아로 전해졌다. 2. 시장에서도 단연 눈에 띄는 토마토, 모양이 다양하며, 푸른 색감이 도는 것도 인기가 있다. 3. 토마토소스로 맛을 내고 정원에서 기른 신선한 허브를 뿌린다. 허브를 기르는 가정도 많다. 4. 토마토 통조림도 흔히 쓰인다. 5. 토마토를 포함해 다채로운 소스가 담긴 병조림이 잘 팔린다. 6. 바질이 들어간 포마롤라(토마토소스)

파스타의 건더기와 소스

1. 창가에 고추를 널어놓고 말리는 집. 신대륙에서 가져온 고추는 이제 파스타에 들어가는 단골 재료가 되었다.
2. 올리브유와 파스타는 단연 궁합이 최고.
3. 너른 올리브 밭. 그리스인은 로마에 올리브를 전해 주었다.
4. 고추와 함께 후추도 중요한 향신료다.
5. 지방에 따라 파스타에 프로슈토(향신료가 많이 든 이탈리아 햄)를 넣는 경우도 있다.
6. 북부에서는 파스타에 트뤼프(송로)를 넣기도 한다.
7. 파르미자노 등 치즈는 중세부터 파스타 소스로 활용되어 왔다.

1   2   3   4

5   6   7

파스타의 친구와 부엌

1. 소스나 파파(117쪽)가 눌어붙지 않도록 저어 주는 나무 주걱.
2. 파스타의 모태가 된 미네스토로네(야채수프)를 먹는 아이.
   파스타도 들어 있다.
3. 이탈리아 가정의 부엌에서 요긴하게 쓰이는 조리 도구.
   개중에는 40년이나 사용해 온 것도 있다.
4. 오래된 빵으로 만드는 파파.
5. 결혼한 이래 줄곧 사용해 왔다는 접시에 파파를 담아냈다.
   토마토소스와 마늘, 월계수 잎이 들어 있다.

다양한 파스타 요리
1. 크림소스를 끼얹은 라비올리
2. 토르텔리
3. 가르가넬리 파스타
4. 사르데냐의 명물로,
   아주 작은 파스타인 사 프레굴라
5. 남쪽 지방에서 사용하는
   토마토와 고추 페이스트

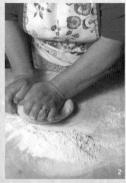

집에서 파스타 만들기(1)

1. 탈리아텔레를 만든다. 밀가루를 둑처럼 쌓고 그 안에
   달걀을 듬뿍 넣어 섞는다.
2. 반죽을 하는 데는 힘이 많이 들어가므로 체중을 다 싣는다.
3. 밀가루 반죽에 마치 생고무처럼 탄력이 생겼다.
4. 아내들이 만드는 파스타를 남편들이 목을 빼고 기다린다.
5. 맛있어 보이는 넓적한 파스타 탈리아텔레를 냄비에서 삶는다.
6. 남편들도 국수 삶는 일을 돕는다.

집에서 파스타 만들기(2)

1. 소스 만들기는 양파를 다지는 일로 시작된다.   2. 양파를 볶는 중에 돼지고기 소시지를 넣는다.
3. 반죽에 카카오를 넣어 독창적인 파스타를 만든다. 카카오도 신대륙에서 건너왔다.
4. 엄마가 파스타를 만들기 시작하자, 아들이 슬그머니 다가와 보고 있다.   5. 갈색 파스타를 속이 깊은 냄비에 삶는다.

이탈리아 사람들의 생활에는 역사가
숨 쉬고 있다.(피렌체 시뇨리아 광장)

컬러 사진: 大村次郷
취재 협력: 石井和子, 井谷直義, 若林泰介, Danielo Vestri & Niccolucci Stefania 부부

일러두기

옮긴이가 덧붙인 설명이나 주석은 각주로 처리했다.
단, 내용이 한 문장 이내로 짧은 경우에는 본문 괄호 안에 넣고 '–옮긴이'라고 달았다.

일본의 파스타 사정

인기 메뉴 파스타

여러분, 파스타를 좋아하시나요? 이제는 파스타가 단골 메뉴로 자리 잡았지요. 나중에 말씀드리겠지만, 한 사람당 파스타 소비량은 이탈리아가 두드러지게 높고, 나라별 총 소비량으로는 미국이 세계 제일이라고 하네요. 미국은 인구도 많지만요. 그런데 일본에서도 최근 25년 동안 파스타 소비가 급격하게 늘었습니다. 일주일에 파스타를 1~3회 먹는 사람이 25퍼센트 이상이라는 통계 결과도 있습니다.(「주식 품목을 먹는 빈도」 인터넷 조사─진행: 주식회사 미디어 마케팅 네트워크, 대상: 30~40대 일본 여성 160명, 기간: 2009년 9~10월.) 일본에서 파스타는 이제 일상식이 되었다고 해도 좋겠지요. 아직 카레나 라멘을 따라잡지는 못하지만, 레스토랑 점심 메뉴에는 대개 파스타가 들어 있고 파스타 전문점도 매우 많아요.

이 책에서는 이탈리아 밖에서도 친근한 음식이 된 파스타가 고향 이탈리아에서 어떻게 탄생하여 발전했는지 2,000년도 넘는 이탈리아의 역사를 더듬으면서 살펴보기로 하겠습니다. 그 전에 여기에서는 일본에 들어온 파스타의 역사를 소개하지요.

일본 최초의 파스타

일본에서 파스타가 사랑받게 된 것은 아주 최근 일이라, 일본의 파스타 역사는 그리 길지 않지요. 일본에서 맨 처음 파스타를 먹은 곳은 막부 말기* 요코하마의 외국인 거류지였다고 합니다. 물론 외국인이 먹는 것이었지요.

메이지 시대(1868~1912)에 들어오면 몇몇 책에서 파스타를 '마카로니'라는 이름으로 소개하기도 하고, 일부 일본인 애호가들이 수입 파스타를 먹기 시작했다고 합니다. 이런 파스타는 북방 유럽이나 미국을 통해 소개되어 수프 건더기로 먹었다고 하지요. 즉 수프 파스타를 먹었던 것입니다.

실제로 일본에서는 1883년 무렵에 프랑스인 선교사 마르크 마리 드 로Marc Marie de Rotz 신부가 나가사키 현 소토메 마을에 1층짜리 벽돌집으로 마카로니 공장을 지어 파스타를 생산한 것이 처음이었다고 합니다. 파스타(마카로니)를 처음으로 만든 일본인은 니가타 현에서 국수 만드는 일을 하던 부자父子였습니다. 1900년대 즈음의 일이지요. 그들은 외국 대사관에서 의뢰를 받아 마카로니 제조기를 개발했다고 하는데요. 그때부터 서서히 마카로니 제조업자가 전국적으로 출현했습니다.

◆　도쿠가와 이에야스가 수립한 무가 정권인 에도 막부의 말기. 보통 1853년 미국의 페리 제독이 흑선을 타고 와서 에도 성에 무혈 입성한 뒤 에도 막부가 무너질 때까지의 15년을 가리킨다.

1920~1930년대에 들어와 메이지야 주식회사가 파스타를 수입한 것이 공식적으로 최초의 수입이라고 합니다. 물론 아직 누구나 먹을 수 있는 음식은 아니었고, 일부 선택받은 사람들만 호텔이나 고급 레스토랑에서 먹을 수 있는 요리였습니다.

전후 미국식 스파게티

일본에서 파스타가 일거에 꽃을 피운 것은 전란을 다 겪어 낸 다음이었습니다. 2차 세계대전이 끝난 뒤, 일본인 요리사가 피자나 스파게티를 먹는 미 주둔군을 보고, 미국식 미트소스 스파게티나 나폴리탄 napolitan(토마토소스를 이용한 스파게티 – 옮긴이)을 흉내 내어 만들기 시작했지요.

전쟁이 끝나고 나서 얼마 동안은 쌀 부족 현상이 심각했습니다. 그래서 미 주둔군이 상당한 밀가루를 배급했고 밥 대신 빵을 먹도록 권장했습니다. 그 무렵 밀가루로 수제비 같은 것을 만들어 먹는 습관이 생긴 것도 파스타와 친숙해진 계기가 되지 않았을까 하네요. 거기에는 일본인의 입맛을 밀가루에 길들여 시장을 개척하려는 미국의 전략적 의도도 숨어 있었겠지만, 결과적으로는 일본인의 식생활이 향상되었습니다.

이리하여 1955년에 후지제당과 니혼제당이 공동 출자로 마마 마카로니의 전신이라 할 니혼 마카로니를 설립했습니다. 그리고 같은 해 니혼제분도 고유한 브랜드를 내세워 파스타 생산을 시작했지요. 두 회사 모두, 당시 이탈리아의 최신 파스타 제조기를 도입해 본격적으로 파스타를 생산했다고 합니다. 그래서 1955년을 일본 파스타의 원년이라 부르기도 합니다.

곁들이 스파게티와 마카로니

그렇다고 해서 파스타가 일본인의 식탁에서 금세 보편화된 것은 아니랍니다. 애초부터 항간에서는 '파스타'라는 말조차 거의 쓰이지 않았고 '스파게티'나 '마카로니'만 겨우 알려져 있었는걸요. 게다가 외식

산업에서도 이탈리아 요리는 프랑스 요리에 비하면 아직 뒷전에 밀려나 있었기 때문에, '스파게티'나 '마카로니'는 양식 코스에 부수적으로 내놓는 특수한 형태로 퍼져 나갔습니다.

레스토랑 양식 코스든 학교 급식이든 집에서 엄마들이 만든 것이든, 파스타는 곁들이나 샐러드로서 일본인의 식탁에 진출했습니다. 더구나 곁들이 파스타는 일찍이 미국에서 유행하던 토마토케첩을 넣은 스파게티 또는 마카로니 그라탱이라는 형태였습니다. 이 책 6장에서 상세하게 설명하겠지만, 미국에서는 원래 고기 요리에 곁들이는 메뉴로 파스타를 먹었고, 지금도 '마카로니 앤드 치즈' 또는 짧은 파스타를 삶아 생채소와 샐러드드레싱을 얹은 '파스타 샐러드'의 인기가 높습니다. 그래서 슈퍼마켓 부식 코너에 가면 이와 관련된 재료가 놓여 있고, 또 레스토랑에서도 이런 메뉴가 자주 나옵니다.

일본에서 파스타를 주식의 하나로 먹게 된 이후에도 소스 맛은 다양하지 않았습니다. 아주 고급스러운 레스토랑을 제외하고 일반 레스

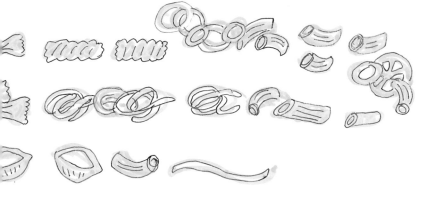

토랑에서 널리 먹던 스파게티(파스타)는 거의 토마토케첩을 넣은 나폴리탄과 미트 소스뿐이었고, 가끔씩 카르보나라가 있는 정도였습니다.

패밀리 레스토랑과 스파게티 전문점

그러면 언제부터 평범한 서민도 파스타를 일상적으로 먹기 시작했을까요? 결정적인 계기는 1970년대부터 외식 체인점 가운데 패밀리 레스토랑이 인기를 누린 것입니다. 가족이 어울려 가볍게 외식하러 가는 곳으로서 점차 확산되던 패밀리 레스토랑에서 나폴리탄과 미트 소스 스파게티는 빠지지 않고 등장하는 인기 메뉴였지요. 아울러 이런 음식은 레스토랑, 학교 급식, 학생 식당, 사원 식당 등에서도 친근한 메뉴가 되었습니다.

또한 이 시기에는 스파게티 전문점이 생겨나면서 파스타의 맛이나 소스가 다양해지는 조짐을 보였습니다. 나폴리탄, 미트 소스, 카르보나라뿐만 아니라 수많은 소스가 선보였고, 명란젓, 매실과 차조기, 낫토, 다진 김 등을 활용해 '일본풍' 스파게티를 개발하기도 했으며, 이탈리아 음식과는 거리가 있는 수프 스파게티 등 새로운 '장르'도 등장했어요.(나중에는 냉스타게티까지 만들어 냈지요.) 1970~1980년대에 걸쳐 몇몇 체인점이 앞다투어 새 메뉴를 개발해 젊은이를 중심으로 주목을 끌었습니다. 그때까지는 보기 드물었던 생파스타를 사용해 본격

휴일에
이탈리아 레스토랑을
찾은 가족

적인 이탈리아의 맛을 내 보겠다는 파스타 가게도 나타나는가 하면, '이탈리아풍'은 멋을 아는 젊은이들 사이에 패션으로 정착해 갔지요. 젊은이 못지않게 주부층에게도 분위기 있으면서 가볍게 점심 식사할 수 있는 곳으로서 스파게티 가게가 인기를 모았습니다.

국민 음식으로

1980년대 말부터 이탈리아에서 직접 파스타를 배워 온 일본인 요리사나 이탈리아 출신 요리사가 도쿄를 중심으로 이탈리아 레스토랑을 연이어 개업해 파스타를 비롯한 본격적인 이탈리아 요리를 선보이면서 인기를 얻었지요. 일본 젊은이들이 이탈리아에 가서 요리 수업을 받는 일은 꾸준히 줄을 이었습니다. 나도 이탈리아 각지에서 본고장의 전통 파스타를 먹고 나서 주방을 슬쩍 엿볼 때가 있는데, 일본인이 파스타를 만드는 모습을 종종 볼 수 있었지요.

1990년대에는 '이타메시'(이탈리아의 이타ィタ와 밥을 뜻하는 메시メシ를 더해 만든 합성어) 붐이 일어나 이탈리아 요리는 전성기를 맞이합니다. 그때까지 선두를 달리던 프랑스 요리 자리를 꿰차고 멋쟁이 유럽 요리의 대표 선수가 되지요. 한편 1990년대는 흥망이 교차하는 시기이기도 했습니다. 1980년대 개업했던 가게가 격심한 경쟁으로 문을 닫고 사라지는가 하면 새로운 가게가 줄줄이 문을 열었고, 경기 침체의 파도에 떠밀려 값싸고 소박한 가게가 생겨났다가 없어지기도 했습니다. 일본인들의 배를 채우기 위해 전 세계 생산지로부터 속속 도착하는 식품이나 요리 가운데 이탈리아 요리만 성장 가도를 달리기는 어렵겠지요. 하지만 이탈리아 요리는 일본에 비교적 안정적으로 정착했다고 할 수 있을 겁니다.

이제 외식 장소는 고급 레스토랑과 서민적 파스타 가게 등으로 양극화하는 경향이 뚜렷해졌습니다. 파스타 제품은 줄곧 수입량이 증가했습니다. 최초로 수입 자유화가 된 1971년에는 390톤이었지만, 1998년에는 8만 1,100톤으로 200배 이상 많아졌습니다. 오늘날에는 어느 슈퍼마켓에 가더라도 여러 종류의 파스타와 올리브유가 팔리는 모습을 볼 수 있지요.

일본의 국수 문화와 파스타

이렇게 '파스타'가 '국민 음식'으로 우뚝 올라선 것은 세계적으로 어느 정도 공통된 현상이기는 해도 특히 일본에서 두드러지는 현상은 아닐는지요. 이렇게 된 배경에는 일본에 오랜 전통을 자랑하는 국수 문화가 있기 때문일 것입니다.

아마도 가마쿠라 시대(1185~1333)에 중국에서 면류가 들어오면서부터 일본에는 곧바로 국수 애호가가 엄청나게 늘어났습니다. 그래서 얼마 되지 않아 국수를 뽑는 독특한 기구를 개발해 생산이 증가했지요.

맨 처음 들어온 면은 실국수인 '소면'(소멘)이었어요. 1200년대 초에 교토에 전해진 소면은 무로마치 시대(1336~1573)부터 일본 전국시대(1467 또는 1493~1573)에 걸쳐 교토 시내 상설 시장에서 팔려 나갔어요. 국수 만드는 것을 실제로 보여 주면서 팔았지요. 소면 만드는 방법이 확립된 것은 에도 시대(1603~1868) 중기였어요. 가마쿠라 시대에는 남송에서 가락국수(우동)의 원조가 되는 '기리무기'도 전해졌어요. 이것은 소면과 만드는 방법이 다릅니다. 소면은 밀가루 반죽을 손으로 비비면서 마치 종이 끈처럼 가늘고 길게 늘여 가야 해서 힘이 많이 듭니다. 반면, 기리무기는 밀가루 반죽을 국수방망이로 밀어서 넓게 편 다음 병풍처럼 접어서 칼로 자르면 되니 비교적 간단하지요. 이기리무기에서 가락국수, 기시멘(얇고 납작하게 만든 나고야 명물 국수—옮긴

이)이 생겨나기에 이르렀습니다. 또 무로마치 시대에는 교토의 사원이나 조정에서, 에도 중기 이후에는 서민층에서도 국수가 쌀을 대신할 주식이나 간식으로 급속하게 정착해 갔습니다.

가락국수 종류와 나란히 메밀국수(소바)도 일본인의 일상 먹을거리로 없어서는 안 될 존재입니다. 조선의 승려 천진이 도다이지(나라시에 있는 일본 화엄종의 대본사—옮긴이)에서 만드는 방법을 가르친 것이 메밀국수의 시초라고 합니다만, 다른 설도 있지요. 그야 어떻든 메밀국수는 에도 시대에 일본에 들어와 전국으로 퍼졌습니다. 심지어는 에도의 음식점 중 60퍼센트 이상이 가락국수나 메밀국수를 파는 국수집이었다고 하네요.

메이지 유신*으로 식생활이 일부 서구화되기는 했지만, 국수가 차지하는 지위는 흔들리지 않았던 듯해요. 더구나 1920년대 중반부터는 라멘이나 볶음 메밀국수(야키소바)가 일본 나름의 독자적인 방식으로 진화하고 발전했지요. 중국에서 들어왔지만, 명실공히 일본의 국민 음식으로 자리 잡았던 것입니다. 지금도 일본 각지에서 명물 라멘이 서로 맛을 겨루고 있다는 것은 굳이 말할 필요도 없겠지요.

가락국수나 메밀국수, 라멘, 볶음 메밀국수를 봐도 알 수 있듯, 본래부터 국수를 좋아하는 일본인의 입맛과 외래 음식을 받아들여 일본

◆ 일본에서는 1854년 문호 개방 이후, 에도 막부를 타도하는 존왕양이(尊王攘夷) 운동이 일어나 1867년에 국왕 중심의 새 정권이 들어섰고 이듬해부터 근대적인 개혁이 시작되었다. 이를 메이지 유신이라고 한다. 약 700여년의 무가 시대를 끝낸 일본 사회는 중앙집권 체제를 강화하고 산업을 육성하며 군비를 확충하는 등 근대국가의 체제를 정비해 나갔다.

식으로 솜씨 좋게 재탄생시키는 능력이 이탈리아의 파스타를 일본의 '국민 음식'으로 끌어올렸을 것입니다. 또한 이 극동의 나라에서 소고기 덮밥(규동)이든 카레든 싼 값으로 손쉽게, 그것도 맛있게 먹을 수 있는 외식 문화가 격렬하게 경쟁하는 현실도 분명 파스타의 진화를 이루어 낸 힘일 것입니다.

파스타의 고향 이탈리아

이제까지 간단하게 살펴본 내용만 보더라도, 일본에서 파스타의 등장과 수용과 발전이 역사적이고 사회적인 움직임과 밀접하게 연관되어 있다는 것을 알 수 있습니다. 그러면 파스타의 고향인 이탈리아는 어떠했을까요? 이탈리아의 파스타는 2,000년에 가까운 장대한 역사를 갖고 있지요.

이 책에서는 여러분이 잘 이해할 수 있도록 다음과 같은 구성으로 이야기를 해 나가려 합니다.

우선 1장에서는 파스타의 기본 재료에 대해 이야기할게요. 파스타의 주된 재료는 밀가루지만, 다른 곡물도 파스타의 재료가 되었습니다. 로마 시대부터 중세 말까지 이탈리아 역사를 더듬으면서, 밀가루가 어떻게 파스타로 변신했는지 확인해 봅시다. 여기에는 '물'과의 이중 결합이 있었다는 점이 중요해요.

2장은 이탈리아에서 파스타의 소스 재료로 정착한 주요한 야채에 초점을 둘 겁니다. 대항해 시대에 들어온 야채도 많거니와, 그것을 수용하기까지 이런저런 고충이 있었지요. 이런 점을 르네상스 시대부터 근대 초기 이탈리아와 유럽의 역사 속에서 생각해 보겠습니다. 특히 남이탈리아의 거대 도시인 나폴리의 역할이 중요합니다.

3장에서는 파스타라는 요리가 '누구'의 손으로 만들어졌는지 짚어볼게요. 물론 누구 한 사람이 갑작스레 파스타를 생각해 낸 것이 아니라, 수많은 사람들이 살아가는 데 필요해서 또는 맛을 추구하면서 조금씩 파스타라는 음식을 만들어 간 것이겠지요. 한편으로는 역사의 주체인 '민중'과 '엘리트'의 역할을 나누어 생각해 볼 수 있겠습니다. 민중은 힘든 노동과 가난으로 고통 받으면서도 조금이라도 맛있는 것을 만들고자 적은 재료를 가지고 고민을 거듭했고, 엘리트는 궁정 생활을 수놓는 미식 문화 가운데 코스 요리의 일부로 먹음직스러운 파스타 요리를 만들어 낸 것입니다. 여기에서는 중세에서도 르네상스, 바로크 시대를 주로 다룹니다.

4장에서는 파스타가 지방의 풍토나 민속과 밀접하게 관계를 맺고 있다는 것, 어느 지방에서든 그 지방 고유의 파스타나 특산 파스타가 생겨났다는 것을 설명하려고 합니다. 파스타는 깜짝 놀라고도 남을 정도로 다양하지요. 하지만 이렇게 지방색 짙은 요리가 번성한 까닭은 역설적으로 '이탈리아 요리'라는 공통의 밑바탕이 있었기 때문이랍니다. '이탈리아 요리'가 성립한 것은 무엇보다도 '이탈리아'라는 통일국가를 건설했기 때문인데요. 따라서 이 장에서는 이탈리아 20개 주의 특산 파스타를 소개하는 동시에 이탈리아 통일의 역사를 살펴보고, 또 요리를 통해 국가 통일에 힘쓴 인물인 펠레그리노 아르투시Pellegrino Artusi에 대해서도 이야기합니다.

5장에서는 여성에 주목하려 합니다. 파스타는 처음 생겨날 때부터 여성, 아니, 엄마의 이미지와 결부된 요리였어요. 이미지뿐 아니라 실제로 중세 이래 파스타 반죽은 여성이 할 일이라는 관례가 있었습니다. 그래서 파스타는 현대에 이르기까지 '엄마의 손맛'을 나타내는 전형이 되었지요. 불고기 요리나 빵 같은 것은 결코 그렇지 않았음에도, 어째서 파스타는 여성(모성)과 깊이 연관해 온 것일까요? 그것은 이탈리아인을 이탈리아인답게 만드는 역사와 무관하지 않습니다. 여성에 초점을 둔 국민성의 역사와 그것을 이용하고자 한 세력(부르주아, 국가, 교회 등)에 대해 생각해 봅시다.

6장에서는 이탈리아에서 이토록 사랑받는 요리로 정착한 파스타에게도 적대자가 나타난 일화를 소개하지요. 그들은 튼실하게 전통으로 뿌리내린 이 요리가 근대화와 문명화를 저해한다는 논리를 가지고 사람들이 파스타를 먹지 못하도록 영향력을 행사했습니다. 거기에는 전쟁이나 이민, 외국에 대한 동경, 외국의 압력 같은 근대 국제정치의 역학이 작용하고 있었지요. 여기에서 다루는 주제는 주로 '미래파'라는 문화 운동과 미국 이민입니다.

마지막으로 이 책 전체의 논점을 되짚어 보는 동시에 파스타의 바람직한 모습을 전망해 보겠습니다.

그러면 파스타의 기원과 변신의 궤적을 탐색하는 역사 여행에 나서 볼까요? 파스타라는 친숙한 음식이 웅대하고 복잡한 역사의 유산이라는 것을 독자 여러분이 느낄 수 있다면 더할 나위 없이 기쁠 겁니다. 덧붙여 이탈리아를 중심으로 한 유럽 역사도 알게 된다면 더욱 좋겠지요.

1장

국수가 물을 만나기까지

파스타 대국 이탈리아

2005년 통계에 따르면, 이탈리아에서는 인구 1만 명이 187개 파스타 제조소에서 일하며 파스타를 연간 319만 톤 생산한다고 합니다. 이렇듯 파스타 생산량(절반은 수출용)은 세계 제일이라고 하네요. 이 가운데 반 이상이 건조 파스타 전문 제조소입니다. 2위가 미국으로 200만 톤, 3위인 브라질이 100만 톤입니다. 이것만 봐도 이탈리아의 파스타 생산량이 압도적이라는 것을 알 수 있지요.

소비량을 보면, 한 사람당 연간 30킬로그램으로 이탈리아가 단연 세계 제일입니다. 2위인 베네수엘라는 그 절반가량으로 비교도 안 되지요. 이것도 상품으로 팔리는 건조 파스타만 헤아린 수치입니다. 파스타에는 파스타 소비 총량의 약 4분의 1을 차지하는 '생파스타'도 있답니다. 이탈리아에서는 레스토랑뿐 아니라 가정에서도 밀가루를 사서 직접 반죽해 파스타를 만드는 일이 흔하지요. 그렇기 때문에 이탈리아의 파스타 소비량을 생각할 때 통계에 잡히지 않는 이런 요소도 아울러 감안해야 합니다.

파스타는 정말 이탈리아라는 나라, 이탈리아인이라는 국민을 상징하는 음식입니다. 그렇다면 파스타와 이탈리아는 어떻게 해서 이렇게 밀접한 관계를 맺게 되었을까요? 파스타는 밥이나 빵보다 손이 훨씬 많이 가고 만드는 과정도 더 까다로운 음식입니다. 그만큼 문화적인 요소가 듬뿍 들어 있다는 뜻이기도 하겠지요. 다시 말해, 파스타 안에는 역사가 담겨 있다고 할 수 있을 겁니다.

파스타의 종류와 정의

파스타에 담긴 역사를 낱낱이 살펴보기 위해 먼저 파스타의 종류를 알아보기로 할까요? 파스타는 네 가지 관점에서 분류할 수 있어요.

우선 재료를 들여다보면, 가장 주요한 재료인 밀가루 이외에 메밀, 옥수수, 감자, 밤, 그 밖의 잡곡 등이 있어요. 특히 감자를 주재료로 만든 파스타 중에 유명한 것이 '뇨키'gnocchi(반죽을 둥글게 빚어 버터와 치즈에 버무린 파스타―옮긴이)가 있지요.

두 번째로, 건조했는지 물기가 있는지에 따라 '건조 파스타'와 '생 파스타'로 나뉩니다. 그런데 두 파스타는 각각 다른 종류의 밀가루를 사용한답니다. 건조 파스타는 경질 밀가루인 듀럼 세몰리나durum semolina를 쓰고 반죽에 '달걀을 넣지 않는다'는 점이 생파스타와 다르지요. 생파스타는 빵이나 일본의 가락국수와 마찬가지로 연질 밀가루(보통 밀가루)를 씁니다.

세 번째로 형태에 따라 크게 세 가지로 나뉘는데, '긴 파스타'와 '짧은 파스타' 그리고 파스타 반죽 피 한 장 한 장마다 속을 넣어 감싼 '만두 파스타'입니다.

마지막으로 조리법에 따라서도 크게 세 가지로 나눌 수 있습니다. 일반 파스타는 이탈리아에서 '파스타 아시우타'pasta asciutta라고 부르지요. 파스타를 삶아서 물기를 뺀 다음, 미리 준비한 소스를 얹는 조리법입니다. 그것 말고도 이른바 수프 파스타(이탈리아에서는 '파스타 인 브로도'pasta in brodo라고 합니다.)가 있는데, 삶은 파스타를 고기나 야채 브로도(수프)에 넣어 만드는 방식입니다. 또한 '파스타 알 포르노'pasta al forno는 우선 반쯤 삶아서 물기를 빼고 식혀 놓은 파스타에 소스를 얹은 다음 오븐에 넣어 구워 낸 것인데요. 라자냐lasagna 등이 대표적입니다.

이렇게 파스타에는 갖가지 종류가 있는데, 이 책에서는 파스타를 다음과 같이 아주 간단하게 정의하기로 할게요.

'곡물 가루에 물을 섞어 반죽해 모양을 만든 다음 삶거나 쪄서 먹는, 탄력과 점착성이 있는 요리 재료.'

이런 정의에 걸맞은 음식은 언제 어디서 탄생했을까요? 우리가 오늘날 익히 알고 있는 파스타의 '면'이 어떻게 탄생했는지, 이제부터 그 역사를 살펴보기로 합시다.

밀의 역사

우선 파스타의 재료인 밀(가루)은 원래 동지중해 연안에서 자생하던 것입니다. 그런데 기원전 9000~7000년에 메소포타미아에서 밀을 재배하기 시작했고 서지중해로 퍼져 나갔습니다. 이집트, 그리스, 로마 문명은 밀 덕분에 번성했다고 해도 좋을 만큼, 밀은 이들 지역의 식생활과 경제에 결정적인 역할을 해냈지요.

그런데 중세에 들어와 상황이 크게 바뀝니다. 나중에 보면 알겠지만, 게르만족의 침략을 받고 동로마 제국에 재정복당하는 등 전란을 겪은 이탈리아에서는 5~7세기에 걸쳐 도시와 농촌이 심하게 파괴되어 인구가 감소했습니다. 그 결과, 당연하게도 산업 생산력이 줄었는데 10세기가 되어서야 산업이 다시 부흥하기 시작합니다. 이탈리아에서는 각지 환경에 맞는 맞춤식 농법을 연구해 개척과 치수 사업을 벌였습니다. 특히 롬바르디아 평원에서 농업이 눈에 띄게 부흥했습니다. 구릉지나 산악 지대에도 새로운 마을이 생겨났고, 사람들은 주변 땅을 개척해 나갔지요. 북방 나라들보다는 약간 뒤처졌지만, 이탈리아 농민들도 토지가 척박해지는 것을 막고 수확량이 더 늘도록 대개 농지를 삼등분해서 농사를 지었어요. 다시 말해, 가을에 씨를 뿌려 늦은 여름에 수확하는 겨울밀이나 호밀 밭, 이른 봄에 씨를 뿌리고 가을에 수확하는 봄밀이나 보리(대맥)나 귀리(연맥) 밭, 그리고 땅심 회복을 위해 농사를 쉬는 휴경지로 나누어 교대로 농사를 짓는 '삼포제三

고대 이집트의 밀 재배

圃制' 농법으로 곡물을 재배했던 것입니다.

또한 중세에서 근대에 걸쳐 유럽의 왕국이나 도시 당국은 다른 먹을거리보다 우선적으로 밀의 수급을 안정시키는 정책에 중점을 두었지요. 밀은 서양 문명을 일으킨 사람들에게 중심적인 에너지원이 되어 준, 특별히 중요한 먹을거리입니다. 밀을 주재료로 삼는 파스타 또한 형태는 좀 다를지라도 밀을 재배해 주식으로 삼았던 그리스, 로마 및 서양 문명의 음식 전통을 직접 잇고 있음은 말할 필요도 없겠지요.

그리스인이 전해 준 빵과 올리브

로마 시대에는 밀을 이용해 주로 빵을 만들어 먹었습니다. 빵을 만드는 방법은 어떻게 로마에 전해졌는지, 잠시 고대의 역사를 거슬러 올라가 볼까요?

이탈리아 반도에는 기원전 2000년 정도부터 인도 유럽계 민족이 건너와 터를 잡고 살았고, 이윽고 로마를 건국한 이탈리아인(라틴인)도 기원전 1500~1000년 무렵부터 정착해 집단 군락을 이루었지요.

이와 더불어 에트루리아인*과 그리스인이 도시 문명을 일으켰습니다. 기원이 불분명한 에트루리아인은 기원전 9세기에 티베르 강과 아르노 강 사이, 나중에는 토스카나 지방에 둥지를 틀었지요.(이탈리아의 지방에 대해서는 154쪽 지도 참조.) 한때 에트루리아의 왕이 로마를 지배하기도 했지만, 통일된 정치 체제를 이루지 못했고 내분으로 분열하다 로마에 흡수되었습니다. 유적을 통해 에트루리아인의 장례 문화가 유달리 풍성했음을 알 수 있습니다. 그들의 문명은 로마에 커다란 영향을 주었지요. 언어, 종교, 건축, 제도 등 다양한 영향을 꼽을 수 있는데, 식문화도 그중 하나입니다. 기원전 4세기 에트루리아인의 무덤을 조사해 보니, 이미 파스타 반죽을 늘리거나 자르는 데 필요한 도구가 돋을새김으로 묘사되어 있었다고 하는군요. 명확하지는 않지만, 이때의 파스타가 뒤에 나올 로마의 라자냐 같은 것으로 이어진 게 아닐까 합니다.

한편, 이미 기원전 15세기 이전부터 고도의 문명(미케네 문명)을 건

◆   고대 이탈리아에 에트루리아(Etruria)라는 국가를 건설한 민족으로, 이 에트루리아는 지금의 토스카나 지역에 해당한다. 로마인이 이 지역을 투스키아라고 불렀기 때문에 토스카나라는 지명이 생겼다.

설한 그리스인은 기원전 8~6세기에 에게 해 주변으로 폴리스를 형성했습니다. 나아가 지중해 연안에 식민 도시를 활발하게 건설했을 뿐 아니라, 시칠리아 해안과 남이탈리아에도 식민 도시를 세웠습니다. 그리스 문화를 뿜어내는 진원지였던 이들 마을은 마그나 그라이키아Magna Graecia(남이탈리아에 건설한 고대 그리스 식민 도시의 총칭)로 문화를 확산해 나갔습니다. 구체적으로 말하면 정치 체제, 문자, 신, 종교 제의 등이 이름이나 겉모습을 바꾸어 그리스에서 로마로 전해졌던 것이지요.

빵 만드는 법을 로마인에게 가르쳐 준 것도 그리스인이었습니다. 그때까지 로마인은 밀로 죽을 만들거나 수프를 만들어 먹었지요. 주식으로서 빵의 중요성을 알아차린 로마의 당국자는 정확하고 충분하게 빵을 공급하는 것이 국가 질서를 유지하는 데 꼭 필요하다고 생각했습니다. 그래서 빵 기술자 학교를 세우고 특허 제도를 갖춘 조합 조직을 지정해 엄중하게 통제했습니다. 아우구스투스(옥타비아누스)가 통치하던 기원전 30년경, 로마 제국에는 질 좋은 제빵소가 329개나 있었다고 합니다. 그곳을 모두 그리스인이 직접 운영했다는 점이야말로 로마 제국의 발전에 그리스인의 숨은 공로가 대단하다는 것을 이야기해 주는 듯합니다.

덧붙여 그리스가 이탈리아에 가져다준 또 하나의 귀중한 먹을거리인 올리브유에 대해서도 한마디 해 놓아야겠군요.

올리브도 기원전 8세기경 최초의 그리스인 이주자에 의해 이탈리아로 건너온 것 같습니다. 로마인은 특히 섬 지방과 남부 및 중부 지방에서 올리브를 대규모로 재배하기에 이르렀지요. 기원전 2세기에는 이미 올리브유가 주요 식용유의 자리를 차지했고, 실제로 소스나 수프의 양념으로 자주 쓰인 듯합니다. 로마인도 그리스인과 마찬가지로 올리브유를 자양분이 풍부한 훌륭한 먹을거리로 높이 평가하고 다량으로 소비했습니다.

고대 로마의 '파스타'

고대 로마에서 밀로 만든 음식은 빵 말고도 있었지요. 고대 로마인은 이미 밀가루를 물과 함께 반죽해(라가네lagane) 늘려서 커다란 얇은 반죽(라자냐)으로 만드는 법을 알고 있었습니다. 반죽을 잘라 사이사이에 고기를 집어넣고 양념을 얹어 오븐에서 구워 냈지요. 가늘게 썬 '파스타'에 꿀이나 후추를 가미해 기름에 튀겨 내는 요리도 있었습니다.

　로마의 정치 체제는 처음에 왕정(기원전 753~509)이었다가 공화정(기원전 509~27)을 거쳐 기원전 27년에 제정이 되면서 최고 전성기를 맞이합니다. 최초의 황제인 아우구스투스 시대에는 로마의 판도가 이탈리아 반도를 훨씬 뛰어넘어 브리타니아*에서 페르시아 만, 게르마

◆　오늘날 영국의 그레이트브리튼 섬. 특히 그 남부 지방과 프랑스 북서부의 브르타뉴 지방을 가리킨다. 고대에는 켈트족이 살았고, 그곳의 민간전승은 서양 중세 궁정 문학의 원천이 되었다.

니아*에서 북아프리카에 이르기까지 지중해를 가운데 두고 광범위하게 뻗어 갔습니다. 4세기 말까지 이 광대한 지역에서 로마의 지배가 계속되었지요.

로마 제국은 건축이나 법률, 국교로 삼은 기독교, 달력 등 서양 문명의 초석이 되는 많은 것을 남겼는데, 파스타의 원형도 그러한 유산에 속한다고 하겠습니다.

그럼에도 고대 로마에는 진짜 파스타, 그러니까 현재 우리가 먹고 있는 파스타가 있었다고는 할 수 없습니다. 왜냐하면 분명히 밀 '반죽'(이것도 이탈리아어로는 파스타라고 부르기는 합니다만)을 사용하기는 했지만, 그것을 직접 굽든가 튀겨서 먹었을 뿐이니까요. 다시 말해 '물과 결합하는' 조리 단계인 삶거나 찌는 방법은 존재하지 않았던 것입니다. 반죽이 수분을 담뿍 머금고 있어야만 식감이 부드러워지고 소스와 절묘하게 어울리는 일이 가능해진답니다.

게르만족의 침입

고대 로마 시대에 태어난 '파스타'의 원형이 이후 현재와 같은 파스타로 순조롭게 발전한 것은 아니랍니다. 게르만족이 로마 제국에 쳐들

◆　고대 유럽 게르만족의 거주지로 동쪽은 비스와 강, 서쪽은 라인 강, 북쪽은 발트 해, 남쪽은 도나우 강에 이른다. 게르만족은 여기에 살면서 로마를 침공했고 로마 황제는 종종 이곳을 정벌했다.

어옴으로써 파스타와 파스타의 원료인 밀은 암흑시대를 맞이합니다.

본래 유럽 북부와 동부에 있었던 게르만족은 4~6세기에 걸쳐 로마 제국 안으로 대이동을 시작합니다. 때마침 로마 제국은 395년에 동서로 분열해 쇠퇴의 길로 접어들지요. 그리하여 게르만족 용병대장인 오도아케르**에 의해 황제가 폐위당한 서로마 제국은 476년에 멸망하고 맙니다.

488년에는 게르만족의 일파인 동고트의 왕 테오도리크Teodorico il Grande(재위 493~526)가 이탈리아 반도를 침략합니다. 테오도리크가 죽은 다음에는 동고트 왕국을 멸망시킨 비잔틴(동로마) 제국의 황제 유스티니아누스Giustiniano I(재위 527~565)가 지배했고, 그 뒤 568년에 게르만족의 일파인 랑고바르드족이 침입했습니다. 그리하여 이탈리아는 46쪽 그림과 같이 분할됩니다.

최남단 및 라벤나에서 로마에 걸친 요충지(라벤나—로마 요충지)는 비잔틴 제국의 영토가 되었고, 북부와 중남부는 랑고바르드의 영토가 되었지요. 비잔틴의 지배를 받는 라벤나—로마 요충지 중심에는 로마 및 로마 교황이 있었는데, 교황이 조금씩 주민의 지지를 얻으면서 비잔틴 제국에 반항하는 일이 많아졌습니다.

거슬러 올라가 보면, 기원후 얼마 안 되어 탄생한 로마 가톨릭교

◆◆　　Flavio Odoacre, 433?~493?. 스키르족 출신으로 서로마 황제 로물루스 아우구스툴루스를 폐하고 서로마 제국을 멸망시켰다. 동로마 황제 제노로부터 총독의 칭호를 받아 이탈리아를 지배하다가, 동고트족 테오도리크 대왕에 패해 항복한 뒤 곧 암살당했다.

7세기 무렵 이탈리아
- 랑고바르드족의 지배 영역
- 비잔틴 제국의 지배 영역

는 비록 박해는 받았어도 4세기에는 로마 황제의 승인을 받았지요. '교황'이라고 칭하는 로마 가톨릭교회의 주교는 점차 커다란 힘을 갖게 되었습니다. 원래는 이교도였던 게르만족도 점차 기독교로 개종해 갔지요. 그래서 게르만족의 침공으로 혼란한 와중에도 유일하게 힘을 기른 것이 바로 가톨릭교회라고 할 수 있습니다. 도시 중심에 버티고 앉아 정치, 문화, 사회의 사령탑 구실을 한 것이 주교를 옹호하는 교회였던 것이지요. 교회는 몇몇 주요 도시에 거점을 두고 있었는데, 이러한 도시가 나중에 이탈리아 식문화의 중심지가 되어 간다는 점을 주의 깊게 봐야 합니다.

그런데 교황이 통치하는 로마 교회와 비잔틴 제국의 수도 콘스탄티노플(현재 이스탄불) 교회는 교리에 차이가 있었습니다. 또한 로마 주교(교황)가 다른 주교에 비해 우월한가라는 문제를 두고 7세기부터

8세기 전반에 걸쳐 점점 대립이 심각해졌지요. 이 틈을 타고 교황이 있는 비잔틴 제국의 라벤나-로마 요충지까지 랑고바르드 왕이 쳐들어왔습니다.

비잔틴 황제로부터 도움을 받을 수 없었던 교황은 게르만족의 일파 중 급격하게 세력이 커지고 있던 프랑크인과 손을 잡으려고 생각했습니다. 유럽의 넓은 지역을 지배하던 프랑크 왕국의 피핀 단신왕*과 그의 아들 샤를마뉴**는 교황의 부름을 받고 이 사태에 개입하지요. 피핀은 랑고바르드가 점령하고 있던 옛 비잔틴 지역을 탈환해 비잔틴에 돌려주지 않고 교황에게 바칩니다. 그래서 이탈리아 중부에 교황령이 생기지요. 774년에는 샤를마뉴가 랑고바르드 왕국의 수도 파비아마저 함락하고, 결국 랑고바르드 왕국은 멸망해 프랑크 왕국에 합병됩니다.

급기야 800년에는 교황이 산피에트로 대성당에서 샤를마뉴의 머리에 손수 왕관을 씌워 줍니다. 이로써 옛 로마 제국이 다시 부흥한 것이지요. 하지만 프랑크 왕국에서는 원칙적으로 분할 상속이 이루어졌기 때문에 제국의 통일은 짧게 지속되었을 뿐, 9세기 동안에 제국은 현재의 프랑스, 이탈리아, 독일의 바탕이 되는 세 영역으로 갈라집니다.

◆　Pépin le Bref, 714~768. 프랑크 왕국 카롤링거 왕조의 제1대 왕이다. 실권 장악 후 교황이 왕위의 정통성을 승인하자 라벤나 지방을 바쳤는데, 이것이 교황령의 기원이 되었다.
◆◆　Charlemagne, 742~814. 프랑크 국왕으로, 카롤루스 대제라고도 부른다. 게르만족을 통합해 오늘날 프랑스 서부와 독일을 중심으로 하는 왕국을 건설하고 기독교를 보호했으며, 로마 황제의 자리에 올랐다.

이들 세 나라 중에서 이탈리아는 프랑스나 영국과는 달리 외부 세력이 번갈아 가며 끊임없이 침입하는 바람에 국가의 통일성이 제대로 확립되지 않았습니다. 그런 상황에서 도시국가가 굳게 자리 잡아 지역마다 개별적으로 역사가 전개됩니다.

게르만족의 음식 문화와 파스타의 소토

여하튼 로마 제국이 붕괴한 이후 이탈리아에는 여러 게르만족이 침입하는데, 그중에서도 랑고바르드족에 이어 프랑크족의 지배 아래 놓이게 됩니다. 지배층인 게르만족은 사람 수는 적었지만 봉건영주나 귀족으로서 영내의 많은 백성을 지배해 갔지요. 당시 귀족이 생각한 이상적인 식생활은 빵, 올리브유, 채소가 중심이었던 그리스나 로마와는 크게 달랐습니다. 그들은 될수록 고기를 많이 먹으려고 했는데, 특히 사냥에서 잡은 짐승을 좋아했습니다.

예전에는 고대 말부터 초기 중세의 게르만족을 수렵과 채집으로 생활한 민족이라고 여겼지만, 이제는 농경과 목축을 주로 한 정착민이었다는 학설이 유력합니다. 로마 제국을 침공한 게르만족은 곧바로 정착해 농경을 시작했던 듯합니다. 그렇지만 게르만의 자유인은 '종사제'(기사는 주군에게 충성을 다하고 주군은 기사를 부양하는 주종 제도—옮긴이)라는 군사적 주종 제도를 중심으로 관계를 맺고 전쟁을 직업으로 삼

중세 왕후와 귀족은 사냥에 열중했다.

있습니다. 그들은 농노의 노동으로 배불리 먹으면서, 전쟁을 하지 않을 때에는 번영을 누리던 씨족의 기억을 더듬어 사냥하느라 해 저무는 줄도 몰랐습니다.

중세의 왕후와 귀족은 사냥해 온 꿩, 사슴, 멧돼지, 산토끼, 노루 같은 짐승을 식탁 위에 늘어놓고, 산처럼 쌓아 올린 고기를 잔뜩 먹으면서 재산을 탕진했습니다. 그런 행위는 산과 들을 뛰어다니며 짐승을 잡아 생활하던 선대 전사들에 관한 '기억'(그것이 비록 허구라고 할지라도)을 되살렸고 또한 그 행위를 통해 자신들의 부와 권력을 외부에 과시했지요.

중세 왕후와 귀족의 식사

고기를 먹지 않는 것은 귀족으로서 틀림없이 취약하고 퇴폐한 증거라며 경멸을 당하기도 했습니다. 남자다움의 상징은 사냥과 고기였고, 농업이나 그 밖의 산물은 '계집애다운 성격'으로 여겼습니다.

기름도 동물성 기름이 대우를 받았지요. 북쪽으로부터 돼지기름과 버터와 식물의 씨에서 얻은 종유가 남쪽의 올리브유에 대항해 식탁에 진출했습니다. 올리브유는 중세 유럽에서 식재료로서 제대로 가치를 인정받지 못하고 오랫동안 약이나 화장품, 등유, 종교 의식에 쓰였지요. 식용으로 소비가 증가한 것은 근대에 들어와 올리브를 곱게

갈아서 기름을 채취하는 기술이 향상한 뒤였습니다.

물론 밀이나 잡곡은 계속 중요한 음식 재료였지만, 게르만족의 침입과 몇 번이나 되풀이되는 전란으로 인해 밀밭을 비롯한 농지가 심하게 황폐해지고 말았지요. 기원후 1000년을 넘을 무렵부터 농업이 부활하지만 신분제 사회인 중세에서는 초기 몇백 년 동안 부유층만 밀가루 빵을 먹었을 뿐, 하층민은 기껏해야 스펠트 밀(근대 밀의 전신으로 중부 유럽 등에 잔존하는 곡물—옮긴이), 보리, 귀리, 조, 피, 수수 같은 잡곡으로 빵을 만들든지 미네스트라minestra(채소나 콩, 고기 등을 넣은 수프)를 만들어 먹었습니다.

밀을 빻아 가루로 만들어 반죽한 것을 빵 이외의 요리로 먹는 일, 다시 말해 오늘날의 파스타처럼 만들어 먹는 일은 게르만이 통치하던 오랜 기간 동안 머릿속에서 사라져 버렸습니다. 당시 상황은 거의 사료로 남아 있지 않아 추측에 의존할 수밖에 없지만, 이렇게 볼 수 있을 겁니다. 파스타는 고도의 문명이 낳은 결실이며, 로마 문명이 망하고 게르만족이 지배를 시작하던 시대에 파스타는 퍼져 나갈 수 없었다고 말이지요. 실제로 파스타는 고전 문화가 부흥하고 '12세기 르네상스'라고 부르는 문화 운동이 일어난 시기에 부활했습니다.

파스타의 부활

오랫동안 파스타가 부재한 시기를 지나 이탈리아에서 파스타가 부활했다는 증거가 13세기 말에 파르마 출신 수도사 프라 살림베네Fra Salimbene가 쓴 『연대기』Cronica에서 나타납니다. 이 책에서 프라 살림베네는 탁발 수도사 조반니 다 라벤나Giovanni da Ravenna가 접시에 코를 박고 치즈를 얹은 라자냐를 아귀아귀 먹는 것을 보고 놀랐다고 합니다. 그 앞부분에서는 색다른 라비올리ravioli(얇은 사각형 반죽 두 장 사이에 소를 넣은 파스타)에 대해 희희낙락하며 수다를 늘어놓습니다.

프라 살림베네의 『연대기』와 함께 주목해야 할 증언이 또 하나 있습니다. 14세기 중반 토스카나 지방에서 쓰인 『요리책』Libro della cocina에는 라자냐 만드는 방법이 나옵니다. "하얀 밀가루로 만든 반죽을 얇고 넓게 펴서 말려 거세한 수탉 또는 다른 동물의 비계를 삶은 국물(브로도)에 넣고 끓인 다음 접시에 담고 지방분이 많은 치즈를 뿌려서 먹는다"고 쓰여 있지요.

더 거슬러 올라가 13세기 말~14세기 초에 나폴리에서 나온 또 다른 『요리책』Liber de coquina에도 라자냐가 나옵니다. 여기에는 "얇은 반죽을 손가락 세 개 정도 되는 폭으로 네모지게 잘라 끓는 물에 삶은 다음, 층층이 겹쳐 놓고 치즈를 충분히(향신료도 취향대로) 뿌려서 먹는다"고 쓰여 있습니다. 이런 음식은 오늘날의 라자냐라기보다는 마치 중국식 완탕 같습니다.

14세기에는 만두 파스타의 일종인 토르텔리tortelli 또는 토르텔리니tortellini(반죽 한 장에 소를 넣어 감싼 반원형 파스타)를 만드는 방법이 쓰여 있는 요리책도 몇 권 있는데, 거기에 나온 요리법은 오늘날과 거의 비슷합니다.

역사의 어둠을 뚫고 재등장한 파스타는 이미 로마 시대와 같이 튀기거나 굽는 것이 아니라, 우유나 닭고기 수프에 넣고 끓이는(삶는) 것이 되었지요. 한마디로 물에 넣고 조리한 '파스타'가 등장한 것입니다. 나아가 '치즈'와 만났다는 점도 주목할 만합니다. 파스타를 치즈와 함께 먹으면 영양학적으로도 뛰어난 음식이 되지요. 치즈를 넣음으로써 파스타는 이탈리아 요리로서 눈부신 발전의 계기를 마련했다고 볼 수 있습니다.

북이탈리아의 생파스타

이로부터 중세에 걸쳐 만두 파스타, 뇨키, 짧은 파스타, 긴 파스타 등 다양한 모양의 파스타가 사료에 나타납니다. 조리법도 근대적인 '파스타' 개념에 어울리는 요소를 갖추었고요. 다시 말해, 조리 단계에서 '물과 결합'하는 것이 당연해지고 파스타 아시우타(삶아서 물기를 뺀 파스타에 소스를 얹은 것)와 파스타 인 브로도(수프 파스타)가 점점 퍼져 나갔습니다.

따라서 정확히 언제라고는 정하기 어렵지만, 살림베네의 증언보다 훨씬 이전인 약 11~12세기, 즉 중세가 한창일 때 파스타가 탄생해 오늘날과 비슷한 방법으로 요리하게 된 것 같습니다.

이러한 생파스타가 생겨난 곳은 북이탈리아였습니다. 중세 초기부터 남이탈리아에서는 경질밀을 왕성하게 경작한 데 비해, 북이탈리아에서는 거의 연질밀밖에 손에 넣을 수 없었지요.* 그래서 포 강 유역 평야에서는 연질밀을 풍부하게 재배했습니다. 북이탈리아에서는 집에서 밀가루를 반죽해서(거기에 달걀을 넣든 안 넣든 천차만별이겠지만) 생파스타를 만들거나 가게에서 기술자가 만든 생파스타를 사 와서 조리하게 되었지요. 다만 중세까지만 해도 북이탈리아의 평범한 가정에서 일상적으로 먹을 만큼 생파스타가 보급되었던 것은 아닙니다. 아마도 축제나 기념일처럼 특별한 기회에 먹는 특별 메뉴가 아니었을까요?

아랍인이 가져다준 건조 파스타

한편 건조 파스타의 기원도 중세 이탈리아에서 찾을 수 있습니다. 생파스타의 연고지가 북이탈리아인 반면, 건조 파스타는 남이탈리아(시칠리아 섬)에서 탄생했습니다.

❋ 경질밀로 만드는 강력분은 글루텐 함량이 높아 끈기가 있고 잘 부풀어서 제빵에 적합한 반면, 연질밀로 만드는 박력분은 글루텐 함량이 낮아 제과에 더 적합하다.

건조 파스타의 발상지인 시칠리아의 팔레르모

생파스타보다는 조금 뒤늦게, 오랫동안 보관하기 위해 건조 파스타를 발명했겠지요. 이는 파스타의 성격이 기본적으로 가정 단위로 소비되는 수제품에서 운반이나 판매에 적합한 공산품으로 변화했다는 것을 말합니다.

건조 파스타는 이슬람교도인 아랍인이 전해 준 것으로 보입니다. 사막을 오갈 때 잘 부패하지 않는 보존 식품이 절실하게 필요했던 아랍인이 만든 것이 기원이라는 말이지요.

그런데 고대부터 현대까지 남이탈리아는 북이탈리아와는 역사적으로 다른 길을 걸어 왔습니다. 서로마 제국이 무너진 뒤, 남이탈리아가 비잔틴(동로마)제국의 지배를 받았다는 것은 앞에서 이미 이야기했지요. 9세기에 시칠리아는 비잔틴의 지배권을 빼앗은 아랍인의 손에

10세기 무렵의 이탈리아

- ▨ 이탈리아 왕국 ■ 비잔틴 제국의 지배 영역
- ▨ 베네벤토 공국
  (베네벤토 후국, 살레르노 후국, 카푸아 후국)
- ■ 교황령 ▤ 이슬람 세력의 지배 영역

넘어갔습니다. 주로 섬 서부에 이주하기 시작한 아랍인들을 통해 시칠리아에는 팔레르모를 중심으로 이슬람 문화가 퍼져 갔지요. 그 후 아글라브 왕조*에서 파티마 왕조**로 지배 왕조가 바뀌었고, 11세기 중반에는 각지의 독립 제후가 세력을 넓히면서 섬을 분할 지배하기에 이르렀지요.

7세기 이후 이슬람 세력은 지중해 지역으로 급속하게 세력을 확장해 유럽의 기독교 세계를 뒤흔들었지요. 두 세력이 힘을 겨루던 최전선이 이베리아 반도와 남이탈리아(위의 그림 참조)였습니다.

◆　　800~909년에 아바스 왕조의 허가 아래 아글라브 왕국(현재 튀니지 지방)을 지배했다. 국교는 이슬람교의 수니파, 수도는 카이라완(카이로우안)이었다.
◆◆　　909-1171년에 북아프리카에서 이집트, 시리아까지 지배하던 이슬람 왕조로, 당시 지중해와 북아프리카 무역을 독점했으며 아바스 제국에서 독립한 군소 왕조 중 가장 강력했다. 국교는 이슬람교 시아파의 한 분파인 이스마일파, 수도는 카이로였다.

10세기 초부터 11세기 전반까지 남이탈리아 중에서 시칠리아는 이슬람 세력, 반도 최남단과 동남부는 비잔틴 세력, 그리고 비잔틴 제국의 영토와 북쪽의 이탈리아 왕국 사이에 끼어 있는 랑고바르드계 베네벤토 공국으로 나뉘어 있었습니다.(베네벤토 공국은 9세기에 베네벤토 후국, 살레르노 후국, 카푸아 후국으로 분열하면서 해체되었지요.) 결국 이슬람 세계, 비잔틴 세계, 라틴 기독교 세계 등 어느 세력의 눈으로 보더라도 남이탈리아는 '변경' 지역이었기 때문에 여러 민족의 충돌과 분열이 끊이지 않았습니다. 그러나 변경이야말로 문화 교류가 일어나 풍요로운 결실을 맺을 수 있는 곳이기 마련이지요. 그것은 음식 문화도 마찬가지였습니다.

시칠리아의 문화와 풍토

남이탈리아의 랑고바르드계 주민이 비잔틴에 대항해 독립운동을 일으켰을 때, 용병으로 힘을 보태 준 것이 바로 바이킹이라고도 불리던 북방의 노르만족이었습니다. 그들은 이미 1010~1040년대에 걸쳐 적지 않은 토지와 영주권을 손에 넣었는데, 이제는 스스로 앞장서서 이탈리아 반도의 최남단 지역인 칼라브리아나 풀리아 지방을 정복하는 데 나섰던 겁니다. 반도 남부를 정복해 비잔틴 지배에 종지부를 찍은 그들은 이번에는 시칠리아로 향했습니다. 노르만 알타빌라 가문의 루제로Ruggero d'Altavilla는 1072년에 팔레르모를 정복해 이슬람교도를 권좌에서 쫓아냈고, 로제르의 아들인 루제로 2세Ruggero II di Sicilia(재위 1130~1154)는 반도 남부에서 다시금 자립하려는 제후들을 타도하고 1130년에 시칠리아와 반도 남부로 이루어진 '양 시칠리아 왕국'을 건국했습니다.(64쪽 그림 참조.)

그러나 노르만족이 이탈리아를 지배하게 된 뒤로도 이슬람교도는 특히 시칠리아 섬에서 다수를 차지했으며, 행정 기구에도 중용되었습니다. 한마디로 12세기 말 노르만 왕조 말기까지 이슬람교도와 기독교도는 평화적으로 공존했지요. 그러니 다른 곳이 아닌 바로 시칠리아 섬이 건조 파스타의 발상지가 되었다는 사실에 고개가 끄덕여지는 것도 무리는 아닙니다.

덧붙여 기후 조건도 중요했지요. 일 년 내내 햇볕이 쨍쨍 뜨겁게 내리쬐는 건조한 날씨와 강한 해풍이 불어오는 이곳은 파스타를 건조하기에 최적의 조건을 갖추고 있는 셈입니다. 또한 남이탈리아의 기후와 풍토는 건조 파스타에 쓰이는 양질의 경질밀을 재배하는 데 아주 적당했습니다. 그래서 고대부터 활발하게 경질밀 농사를 지었어요.

10~12세기에 이탈리아에서 연이어 탄생한 생파스타와 건조 파스타는 애초부터 부드러운 연질밀로 만든 '북쪽'의 생파스타와 경질밀로 만든 '남쪽'의 건조 파스타라는 식으로 지역이 나뉜다는 점이 무척 흥미롭습니다. 이런 전통은 현재까지 이어지고 있지요. 북이탈리아에는 라자냐, 카넬로니cannelloni(주로 다진 고기나 치즈로 속을 채워 굽는 원통형 파

스타—옮긴이), 라비올리, 탈리아텔레tagliatelle(길고 납작한 끈 모양 파스타—옮긴이) 같은 수타 파스타가 지금도 많습니다. 특히 볼로냐의 수타 파스타는 유명하지요. 이와 대조적으로 남이탈리아에는 스파게티와 마카로니 같은 건조 파스타가 많습니다.

알 이드리시Muhammad al-Idrīsī는 시칠리아 왕 루제로 2세의 명령을 받아 역사상 최초로 세계지도를 그린 아랍의 지리학자인데, 1152년 무렵 시칠리아의 수도 팔레르모에서 30킬로미터 떨어진 트라비아 지구에 건조 파스타 산업이 있었다고 전합니다. 알 이드리시는 이곳에서 만들어진 막대한 양의 파스타가 배에 실려 칼라브리아를 비롯한 '본토' 지역과 지중해 곳곳에 퍼져 있는 이슬람 국가나 기독교 국가 등지로 수출되었다고 말합니다.

제노바에서 지중해로

일찍이 12세기에는 이탈리아 반도 서쪽 끝에 붙어 있는 항구 마을인 제노바의 상인들이 시칠리아의 파스타를 북이탈리아에 보급하는 매개자 역할을 주로 맡았습니다.(64쪽 그림 참조.)

팔레르모 항구를 떠나 제노바에 도착하면 남이탈리아의 파스타가 여행자나 배에 탄 사람들의 비상식량이 되었는데요. 그러다가 건조 파스타는 제노바 자체의 특산품이 되었습니다.

항구 도시 제노바는 피사나 베네치아와 함께 11세기부터 지중해 교역으로 번영을 누렸지요. 제노바는 그 이전부터 서지중해에서 이슬람교도들을 물리치고 유력한 항구 도시로 떠올랐습니다. 그리고 피사, 베네치아와 더불어 11세기 말 십자군 운동으로 세워진 십자군 국가들에 물자와 인력을 보급하는 역할을 떠맡으면서 일약 번성했습니다. 그리고 예전에 이슬람 파티마 왕조가 지배하던 레반트 지역(동지중해)에서 해상 교역을 이끌었습니다.

피사와 베네치아는 해상을 제패하려고 치열하게 치고받았는데, 시칠리아에서는 줄곧 제노바가 우위를 차지했지요. 나아가 제노바는 호화스러운 동방의 물품, 예컨대 향신료, 비단, 면, 설탕, 금 등을 유럽의 모직물이나 은과 교환해 커다란 이익을 남겼습니다. 제노바는 도시 자치의 발달로 왕과 제후의 정치적 대립에 휘말리지 않고 오로지 경제적 이해관계에 입각해 사업에 임할 수 있다는 이점도 있었지요.

그리하여 제노바(그리고 리구리아 해안 전반)는 생파스타가 중심인 북이탈리아에 위치하면서도 건조 파스타의 생산지로서 이름을 떨쳤습니다. 제노바는 중세 이후 19세기 중반까지 남쪽의 나폴리 및 그 주변 지역과 파스타 생산에 있어 쌍벽을 이루었습니다.

당시 제노바로부터 파스타가 어떤 식으로 퍼져 나갔는지 알려 주는 몇몇 증거가 있습니다. 이를테면 우고리노 스카르파Ugolino Scarpa라는 공증인이 해병 폰치오 바스토네Ponzio Bastone의 상속을 위해 1279년 2월 4일에 작성한 재산 목록이 남아 있는데요. 그중 하나가

'나무 상자 하나를 가득 채운 마카로니'una bariscella plena de macaronis 입니다. 이것은 당시 마카로니가 유산으로 남길 만한 가치가 있는 것이었음을 보여 주는데, 이는 물론 건조 파스타였을 겁니다. 모든 것을 일일이 상세하게 기재하는 공증인이 아무런 설명도 없이 '마카로니'라는 말을 사용한 걸 보면, 당시 그곳에서 마카로니, 곧 파스타가 얼마나 널리 알려져 있었는가를 짐작할 수 있습니다.

교황과 황제의 대립이 낳은 자치 도시

어째서 이 시대에 제노바 같은 도시가 힘을 자랑할 수 있었을까요? 이탈리아는 중세부터 현대까지 '도시의 세계'라 할 만합니다. 중세 이후 이탈리아의 도시는 정치, 경제, 문화, 종교 등 온갖 분야에서 주변 농촌을 지배했습니다. 예부터 도시가 주변 지역을 지배하는 구도가 정착한 결과, 이탈리아의 정치와 사회는 기본적으로 지역주의에 의해 결정됩니다.

중세 이탈리아는 교황과 황제가 경합을 벌이는 곳이기도 했습니다. 독일의 오토 1세Otto I가 왕위에 등극하면서 프랑크 왕국이 멸망한 이래 소멸했던 신성 로마 황제가 부활하고, 양자의 대립을 틈타 도시가 새롭게 등장합니다.

10세기에 파비아에서 이탈리아 국왕으로 선출된 이브레아 변경의 백작 베렌가리오Berengario II d'Ivrea(재위 950~961)는 로마를 향해 남하합니다. 위협을 느낀 교황 요한 12세Joannes XII는 독일 국왕 오토 1세에게 도움을 청하지요. 이에 오토 1세는 이탈리아로 진군해 베렌가리오를 격파하고 그대로 로마로 입성합니다. 그리하여 다음 해인 962년에 그 옛날 샤를마뉴가 그랬던 것처럼 교황에게서 왕관을 하사받고 독일과 이탈리아를 포함한 '신성 로마 제국'의 황제가 됩니다.

이리하여 이념적으로 기독교 세계 전체에 걸쳐 권위 있는 황제가 탄생하면서 황제와 교황이라는 두 개의 보편 권위(권력) 사이에 대립이 생기지요. 그런데 오토 1세는 교황으로 선출되어 도유塗油(기름을 바름으로써 성스러운 존재가 되는 것)를 하기 전에 황제에게 충성을 서약하는 것이 교황의 의무라고 정해 놓았습니다. 또한 중세 봉건 시대에는 주교와 수도원장 등도 대영주였고 교회 재산 대부분이 영주가 봉한 토지였지요. 봉토는 주교나 수도원장보다 신분이 높은 영주, 즉 군주로부터 직책과 함께 수여받는 관습이 있었으므로, 교회는 세속 권력으로부터 결코 자유롭지 못했습니다.

그런 와중에 교회의 자유와 세속 권력으로부터의 해방, 성직자의 도덕적 쇄신을 간절히 원하는 교황 그레고리오 7세Gregorius VII가 1073년에 즉위해 당시 황제인 하인리히 4세Heinrich IV와 극심하게 대립합니다. 고위 성직자를 임명할 권리(성직 서임권)를 둘러싼 성과 속의 투쟁이 50년이나 지속되는 동안 둘 사이에는 파문이나 파면이 끊이지 않았지요.

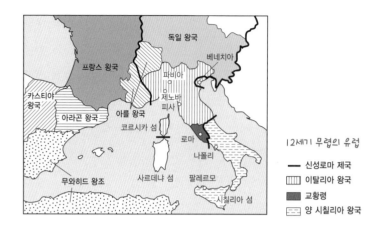

그 후에도 일이 있을 때마다 황제와 교황은 다툼과 분쟁을 되풀이했습니다. 이탈리아에서는 마치 이런 대립에 기름이라도 붓듯 겔프당(교황파)과 기벨린당(황제파)이 싸움을 벌였습니다. 그러는 가운데 이탈리아 중부와 북부에는 어느 한쪽 파벌에 속하는 코무네comune(12~13세기 이탈리아 주민의 자치 공동체―옮긴이)가 속속 생겨납니다. 게다가 같은 도시 내부에서도 복잡한 상황이 벌어졌지요.

코무네는 도시 안팎의 혼란스러운 정치 분쟁에 휘말리면서도 자율적으로 발전했습니다. 황제도, 로마 가톨릭교회도, 도시의 자치도 시민의 대두를 억누르지는 못했던 것입니다.

코무네의 발달과 음식 문화

중부와 북부 이탈리아에서 코무네가 발달하는 현상은 이탈리아 역사의 흐름을 결정지었습니다. 오늘날 남아 있는 도시 공간은 그때 모습을 간직하고 있지요. 그들 대다수는 본래 독립적이었던 도시국가였습니다.

밀라노, 피사, 볼로냐, 피렌체, 시에나, 베네치아, 제노바 등의 코무네는 초기(11~12세기)에 주교와 귀족의 지배를 받지만, 나중에는 민중이 주도권을 잡고 선출한 행정관이 통치하고 귀족과 상인을 대표하는 평의회가 그들을 보조하는 시대를 맞이합니다.

도시들은 성벽으로 둘러친 도시 중심부뿐 아니라 주위의 농촌 지역을 필사적으로 지키는 한편, 조금이라도 권익을 신장하기 위해 이웃한 도시끼리 끊임없이 다투었습니다. 많은 도시가 활발한 상업 중심지가 되었지요. 그들은 이탈리아 안에서의 거래는 말할 것도 없고 중앙 및 북방 유럽과도 교역을 벌였지요. 롬바르디아 상인을 비롯해 토스카나의 피렌체, 시에나, 루카의 상인들이 대활약을 펼쳤습니다. 한편, 제노바 이외에도 아말피, 피사, 베네치아 같은 항구 도시는 지중해 상업으로 이익을 올렸고, 해상의 이권을 둘러싸고 서로 세력을 다투었습니다. 13세기를 넘어서면 도시 대부분은 공화제나 과두제에서 군주제로 바뀌면서 군사력에 의한 통치로 이행합니다. 이렇게 도시는 일종의 영역 국가가 되어 주변 지역을 지배해 갔습니다.

문화의 중심지이기도 한 도시는 식료품 조달이나 유통, 음식 문화 발전에 지대한 영향을 미쳤습니다. 지역 내 식료품 조달은 도시 정부가 맡은 가장 중요한 과제였지요. 그래서 밀 가격을 정하는 일, 비상사태를 대비해 곡식을 비축하는 일, 물품세나 유통세를 부과하는 일, 매매가 이루어지는 시장의 규칙이나 식품 취급 업자의 규약을 정하는 일을 관장하며, 경우에 따라서는 외부로 수출하는 일을 제한했지요. 도시 내부에서 식료품을 조달하면 부족할 때가 많으므로 지역 시장이나 때로는 먼 지역에서 조달하는 일이 자주 있었습니다. 기근이 발생하면 주변 농촌의 농민들이 도시로 몰려들었지요. 그래서 주요 도시에서는 곡물의 구입, 비축, 공급을 전문으로 맡는 관청인 '곡물국'을 설치했습니다.

주변 농민들의 요리에 세련미를 더하고 더 맛있는 음식을 궁리하는 것은 도시 시민들이 할 일이었지요. 이탈리아 도시는 오로지 주변 농촌에 의존해 음식 재료를 구했지만, 부가 집중되어 풍요로운 생활이 가능한 도시에서는 더 맛있는 음식, 진귀한 음식, 지위나 명예에 어울리는 음식을 추구하려는 과시욕이 넘쳐 났습니다. 때로는 먼 곳에서 희귀한 재료를 수입하는 일도 있었지요. 3장에서 보겠지만, 고급스러운 음식 문화의 중심지는 궁정인데, 중세가 본격화한 이후 궁정은 도시에만 있었답니다.

근대에 들어오면 도시는 지역을 대표해 요리나 요리인의 정체성을 받쳐 주는 거점이 됩니다. 이웃의 농촌이나 해안, 산악 지대, 호수

15세기에 그린 베네치아 항구와 마을 풍경

와 늪 등에서 만드는 요리도 중심 도시를 내세워 '피렌체 요리'라든가 '볼로냐 요리'라고 부르게 되는 것이지요. 여기에 대해서는 4장에서 소개하겠습니다.

나폴리의 마케로니 생산

남이탈리아에는 13세기에 시칠리아에 이어 나폴리와 그 주변으로도 건조 파스타가 퍼져 나갔음을 보여 주는 증거가 여럿 남아 있습니다. 이를테면 나폴리 근교 그라냐노 지방 영주였던 조반 페라리오 1세 Giovan Ferrario I가 저술한 글에는 '마케로니'maccheroni가 발열이나 결핵에 효과가 있다는 내용이 나옵니다. 또한 1295년에는 당시 나폴리를 다스리던 앙주 가문의 카를로Carlo I d'Angiò의 어머니 마리에게 마케로니를 진상했다고 인용하고 있습니다. '약'으로 쓰이거나 왕실에 바치는 물건이었다는 점에서 나폴리에서는 파스타가 꽤 고가품이었고, 일반인이 쉽게 손에 넣을 수 없는 음식이었다는 사실을 알 수 있습니다.

그런데 중세에는 오랫동안 '마케로니'가 모든 형태의 파스타를 지칭하는 말로 쓰였습니다. 때로는 뇨키도 마케로니라고 불렀지요. 그러나 남이탈리아 사료에 나오는 마케로니는 긴 파스타든 짧은 파스타든, 구멍이 뚫린 것이든 구멍이 없는 것이든, 한결같이 건조 파스타였습니다.

그 후 경질밀로 만든 건조 파스타는 남이탈리아, 특히 나폴리의 특산품으로 이름을 떨쳤고, 이탈리아 전체, 아니, 유럽 전역으로 파고들어 가면서 좀 더 손쉽게 생산할 필요가 생겼습니다.

상품용 파스타는 나무통에 밀가루와 물을 넣고 한 사람이 공중에 매달아 놓은 줄을 잡고서 균형을 유지하

초기 마케로니의 한 형태

69

18세기의 그라몰라(오른쪽)와 토르키오(왼쪽)

며 발로 밟아 반죽을 만들었습니다. 좀 거칠어 보이는 방식이었지요. 16세기 말 사람의 노동력이나 수력, 동물의 힘으로 움직이는 반죽 기계인 그라몰라gramola와 눌러서 국수를 뽑아내는 압착기 토르키오 torchio가 파리와 나폴리에 등장했고, 점차 개량을 거듭했습니다.

19세기 후반이 되어야 증기나 전기를 사용하지만, 나폴리의 파스타 업자는 대체로 17세기 이후부터 파스타를 대량으로 생산할 수 있었습니다.

파스타 길드의 탄생

이와 비슷한 시기인 16세기 중반에서 17세기에 걸쳐 제노바, 나폴리, 팔레르모, 사보나, 로마 같은 도시에서는 종래처럼 제빵업자에 딸린 것이 아닌 독립적인 파스타 '길드', 즉 동업 조합이 생겨났습니다. 그들은 독자적인 규약도 정했습니다.

길드는 동종의 상공업자들이 결성하는 조합으로, 13세기에 들어서면 이탈리아의 많은 도시에서 생겨납니다. 동업자끼리 공존과 번영을 꾀하는 동시에 외부인을 배제하려는 목적으로 규약을 만들었지요. 규약에는 조합원의 노동 시간이나 제품의 품질, 규격, 제조 방법, 가격, 판로 등을 엄격하게 정해 놓았을 뿐 아니라 연회, 축제, 장례, 빈곤 구제 같은 조합원의 친목에 대해서도 규칙을 정해 두었습니다. 길드 구성원은 장인, 직인, 도제라는 세 계층으로 나뉘어 있었습니다. 길드에는 유력한 길드와 그렇지 않은 길드가 있었는데, 대부분의 도시에서는 유력한 길드의 장인이 되면 시 정치에 참여할 수 있는 길이 열렸습니다.

당연히 당초부터 빵이나 고기처럼 식품에 관련된 길드도 있었지만, 제빵업자 길드에 속해 있던 파스타 길드가 독립한 것은 훨씬 늦은 시기였지요. 길드를 조직한 파스타 업자가 점차 힘을 키워 나감에 따라 파스타 생산도 증대합니다.

그러나 생산 과잉 문제도 있었던 모양입니다. 예를 들어 17세기

로마에서는 '베르미첼리vermicelli 가게', 즉 스파게티 가게가 지나치게 많아진 탓에 교황 우르바노 8세Urbanus VIII가 1641년에 파스타 가게 끼리는 24미터 이상 거리를 두어야 한다며 파스타 거래를 규제하는 교칙敎勅을 내놓았을 정도랍니다.

다양화하는 파스타

당시의 요리책을 통해 판단하건대, 중세 후기에는 '마케로니'나 '베르미첼리'라는 말에서도 알 수 있듯 파스타의 종류와 모양이 다양해졌던 것 같습니다.

우선 13세기 말~14세기 초 나폴리의 『요리책』에 나오는 '안차 알렉산드리나'ancia alexandrina는 아마도 긴 파스타였겠지요. '안차'란 관管, 대롱을 가리킵니다. 14세기 중반 토스카나의 『요리책』에는 환자식을 언급한 마지막 부분에 '제노바의 트리아'della tria Genovese라는 파스타 요리법이 실려 있는데, 아몬드 밀크에 넣고 삶으라고 되어 있습니다. 비슷한 시대에 나온 것 가운데, 토스카나의 요리책보다 훨씬 자세한 피렌체의 다른 요리책 사본에는 '베르미첼리 트리아'vermicelli di tria 요리법이 나옵니다. 이 역시 아몬드 밀크에 삶아서 설탕과 향신료 사프란을 첨가하라고 쓰고 있지요. 여하튼 둘이 거의 같은 요리로 보이고, 트리아도 가늘고 긴 파스타를 가리키는 것 같습니다. '베르미첼리'는 원래 가늘고 긴 벌레라는 뜻입니다. 15세기 북이탈리아 밀라노 북쪽에 있는 작은 마을 코모의 위대한 요리사 마르티노*가 『요리의 기술』Libro de arte coquinaria(1465)에 만드는 방법을 구체적으로 적어 놓았지요.

밀가루 반죽을 얇게 편 다음 손가락으로 잘라 베르미첼리(벌레)처럼 가느다란 실 모양으로 만들라. 그다음 햇볕을 쪼여 건조하라. 그러면 2~3년도 끄떡 없이 보관할 수 있다.

따라서 베르미첼리는 오늘날의 스파게티 같은 것으로 볼 수 있습니다. 마르티노는 베르미첼리 외에 '시칠리아의 마케로니' 요리법도 적어 놓았습니다.

작은 접시로 두 개 정도 나올 만큼 만들고 싶다면, 달걀흰자를 하나 내지 둘만 넣고 파스타를 빽빽하게 만들라. 밀가루 반죽을 손바닥 길이로 짚처럼 가늘게 자른 다음, 실처럼 가는 철사를 손바닥 길이로 혹은 그보다 좀 더 길게 잘라서 아까 만든 반죽 위에 올려놓자. 탁자 위에서 양손으로 반죽을 굴려 가며 철사를 뽑아내라. 그러면 가운데 구멍이 뚫린 마케로니가

◆　Martino da Como, 15세기 유럽에서 가장 중요하고 유명한 이탈리아 요리사로, 로마 교황청의 요리사였으며 사후에는 '요리의 왕자'라는 묘비명을 얻었다. 그의 요리책은 이탈리아 요리 문학의 초석이자, 중세에서 르네상스로 가는 과도기의 중요한 역사적 기록물이다.

완성된다.

이는 실로 우리가 지금 알고 있는 구멍 뚫린 짧은 파스타를 가리켜 '마케로니'(마카로니)라는 말로 분명하게 표현한 최초의 용법이라할 것입니다.

요리사 마르티노가 거론한 또 하나의 파스타 '로마의 마케로니'는요리법을 살펴보건대 마카로니가 아니라 평평한 파스타인 페투치네fettuccine(작은 리본이라는 뜻의 평평하고 비교적 두꺼운 파스타—옮긴이)나 탈리아텔레(또는 소매에 차는 밴드나 리본 모양 파스타)라고 할 수 있겠죠. 마르티노는 평평하게 늘린 반죽을 국수방망이에 말아서 카넬로니(굵은대롱) 모양으로 만든 다음 손가락 두께로 자르라고 전합니다. 이는 나중에 16세기를 대표하는 요리책 저자 크리스토포로 메시스부고*나바르톨로메오 스카피**가 알려 주는 방법과 거의 같습니다. 또한 "고기(비계) 브로도나 소금을 넣은 물에서 삶아 내어 버터, 치즈, 달콤한향신료를 얹는다"고 쓴 것을 보면, 종종 브로도에 넣어 수프 파스타로도 먹었던 듯합니다.

◆　Christoforo di Messisbugo, ?~1548. 페라라의 영주인 에스테 가문의 스칼코(집사장)로 화려한 연회를 이끌었다. 성공적인 연회로 1533년에 신성 로마 제국의 황제 카를 5세로부터 작위를 받았다. 사후에 출판된 요리책 『연회, 음식과 도구의 일반적 구성』에서 궁중의 축제 준비 과정과 에스테 가문에서의 공식 연회 메뉴를 상술했으며, 조리법을 목차별로 작성하는 것은 물론 장식이나 조리 도구에 대해서도 논했다.
◆◆　Bartolomeo Scappi, 1500~1577. 르네상스 시대를 대표하는 이탈리아 요리사로 로렌초 캄페지오를 비롯한 추기경들을 위해 요리했다. 교황 비오 4세 때부터 궁정 접대를 맡아 비오 5세의 궁중 요리사가 되었다. 저서 『오페라』에 르네상스 시대의 1,000여 개 요리법을 기록했고, 요리 도구와 기법에 대해 쓰면서 포크의 기원을 알리기도 했다.

중세 이탈리아인은 알덴테를 싫어했다?

이제까지 파스타 면이 다양화하는 과정을 살펴봤습니다. 여기에서는 파스타 면 삶는 법에 대해 알아보지요. 중세 르네상스 시대와 오늘날은 파스타를 삶는 취향도 크게 다릅니다. 요새는 이탈리아인뿐 아니라 대부분이 '알덴테'al dente(너무 익히지 않고 적당히 씹는 맛이 있게 삶는 것—옮긴이)를 좋아하지요.(다만 남쪽에서 북쪽으로 올라갈수록 부드러운 쪽을 더 좋아하는 듯합니다.) 그러나 15~16세기의 파스타는 푹 삶아 냈다 싶을 정도라야 했습니다. 마르티노는 '시칠리아의 마케로니'를 "두 시간 삶을 것"이라고 했고, 다른 요리책들도 파스타는 삼십 분에서 두 시간 정도 삶으라고 지시하지요. 끈기가 있으면서 부드럽고도 흐물거리지 않는 식감을 좋아했던 듯합니다.

그러면 '알덴테'는 언제 탄생했을까요? 방대한 요리책을 저술한 바르톨로메오 스카피가 1570년에 남긴 요리법을 보면 여전히 면을 삶는 시간이 깁니다. 그런데 17세기 초반, 그의 요리법을 좀 더 단순화하려던 아마추어 요리사 조반니 델 투르코Giovanni del Turco는 다음과 같이 탱탱한 면발을 권합니다. "마케로니를 너무 오래 삶지 않는 것이 좋다. 삶고 나서는 곧바로 냉수에 헹구어야 마케로니가 쫄깃해진다."

피렌체 명문가 출신인 조반니 델 투르코는 음악가로서 특히 마드리갈madrigal(목가적 서정시에 곡을 붙인 세속 가곡)의 작곡자로 유명하며,

요리책『에풀라리오』*Epulario*(1596)의 저자로도 알려져 있습니다.

그 후 18세기에는 가느다란 생파스타를 너무 오래 삶지 말라는 충고가 눈에 띄는 만큼, 쫄깃한 맛에 대한 선호도가 점점 더 높아집니다. 처음에는 나폴리 서민이 강한 쫄깃함과 씹는 맛을 좋아하게 된 것 같은데, 4장에서 보겠지만 국가 통일을 거치면서 북방으로도 이런 취향이 퍼져 갑니다.

2장

문명 교류와 파스타 소스

옛날 파스타는 어떤 맛일까?

이제 파스타와 어우러지는 소스와 건더기의 역사를 살펴볼까요?

오늘날에는 파스타에 맛을 내기 위해 토마토소스, 미트 소스, 마늘, 고추와 올리브유 등을 중심으로 여러 가지 방법을 궁리하지요. 물론 각종 향신료, 치즈, 버터, 우유, 포도주, 야채, 버섯, 고기, 어패류, 때로는 과일까지 다각적으로 활용하는 것은 말할 것도 없습니다. 각각의 재료는 맛과 식감, 모양 등 파스타의 결이나 형태와 어우러져 맛을 더하지요.

그러나 이렇게 맛 내는 방법이 다양해진 것은 아주 최근이랍니다. 중세부터 근래까지 파스타는 기본적으로 어떻게 양념했을까요?

맨 처음에는 아무것도 안 넣고 국수만 먹었던 것 같습니다. 고기 (거세한 수탉 등) 브로도나 아몬드 밀크에 넣고 오랜 시간 삶기 때문에 그런 대로 맛이 났던 것이지요.(수탉을 거세하는 이유는 근섬유가 가늘어져 육질이 좋아지고 지방이 많아져 맛있어지기 때문이라고 하네요.) 이때 파스타에 국물이 부족하지 않도록 콩소메, 즉 브로도 리스트레토brodo ristretto 나 육수를 넣었습니다. 브로도나 아몬드 밀크에 잘고 가는 파스타를 넣어서 만든 수프 파스타는 졸아붙어 죽 비슷한 것이 되었지요. 오늘날 일반화된 파스타 아시우타는 점차 인기를 얻어 갔습니다. 수프 방식으로 만드는 파스타는 18세기를 지나서까지도 계속 명맥을 유지했습니다.

치즈 듬뿍, 중세의 파스타

다만 맛과 영양을 고려해 파스타에 치즈를 뿌리는 습관은 꽤 일찍부터 널리 퍼져 있었습니다. 치즈와 파스타는 기원 후 1000년 즈음부터 이미 어울렸던 듯합니다. 토마토가 보급되기 전에는 반드시 치즈를 듬뿍 얹고, 때로는 후추나 다른 향신료를 뿌렸습니다. 모든 '요리책'은 맛을 내는 중심에 치즈가 있음을 증언해 줍니다. 치즈는 강판에 잘게 갈기도 하고 슬라이스로 얇게 썰기도 했던 듯해요. 치즈 중에서도 가장 세련된 종류가 파르미자노 레자노parmigiano-reggiano(파르메산 치즈)였습니다. 치즈가 생산되는 도시 파르마에서 유래한 이름인데, 마찬가지로 치즈 산지인 피아첸차와 로디에서 이름을 따온 피아첸티노 piacentino와 로디자노lodigiano 치즈도 유명했습니다. 중부와 남부 이탈리아에서는 양젖으로 만든 페코리노pecorino가 틀림없이 주류를 이루었을 것입니다.

15세기부터 버터를 넣기 시작하면서 치즈는 한층 더 부드러운 맛을 띠게 됩니다. 14세기 이후 조리법에 때때로 돼지기름(라드)이 등장하는데, 그 대신 버터를 사용한 북방 이탈리아에서 이런 경향이 현저하게 나타났습니다. 또한 나폴리 남쪽에서는 중세부터 올리브유를 넣기 시작했지요.

대항해 시대의 도래

물이나 우유, 브로도에 면을 삶아 치즈를 얹어 먹었던 중세의 파스타와 맛이 월등하게 다채로운 오늘날의 파스타를 비교해 보면, 대항해 시대에 신대륙에서 들어온 새로운 '음식 재료'가 파스타 역사에 얼마나 결정적인 영향을 주었는지 알 수 있습니다.

이른바 대항해 시대는 15세기 말에 시작합니다. 알다시피 콜럼버스는 대서양을 건너 서쪽으로 항해하면 '인도'에 도착하리라 믿고 스페인 여왕 이사벨 1세의 지원을 받아 출항해 1492년 신대륙(중남미)을 발견했습니다. 이후 유럽 열강은 앞다투어 세계 각지에 선박을 파견해 자원을 개발하고 조직적인 통상망을 형성하는 등 식민지 지배에 매진해 갑니다.

16세기 전반에 세계를 분할하고 신대륙을 지배한 나라는 스페인과 포르투갈이었습니다. 포르투갈은 인도의 고아나 말라카 등지에 기지를 세우고 인도양 통상권을 주도하며 향신료 무역을 독점하려고

남인도의 후추 재배

했습니다.

반면, 스페인은 카리브 해 섬들과 중남미 대부분을 차지해 그곳에서 채굴한 금이나 은을 본국으로 실어 날랐습니다. 그리고 아프리카에서 흑인 노예를 수입해 플랜테이션으로 사탕수수를 재배하기 시작했습니다. 스페인이 신대륙에서 사탕수수 외에도 다음에 설명할 감자와 옥수수, 카카오 등을 유럽으로 전파한 덕분에 유럽의 음식 문화는 커다란 변화를 맞이하게 되었지요.

뒤늦게 가세한 이탈리아

스페인과 포르투갈을 비롯한 열강이 이권을 챙기느라 중남미나 태평양 도서 지역을 누빌 동안, 이탈리아는 열강에게 국토를 지배당하는 딱한 상태에 놓여 있었답니다.

우선 지중해에는 이슬람 국가인 오스만 제국이 진출합니다. 오스만 제국은 1453년 비잔틴 제국을 멸망시키고 콘스탄티노플로 수도를 옮겼지요. 1517년 이집트 맘루크 왕조를 무너뜨린 오스만 제국은 이집트까지 장악해 이슬람 세계의 맹주 자리를 차지하고, 지중해와 흑해, 에게 해의 통제권을 손에 넣습니다. 이탈리아의 도시 상인은 술탄(오스만 제국의 군주)의 허가를 받아 통상을 계속하지만, 충돌도 빈번하게 일어났습니다.

또한 신대륙의 발견으로 항해 경로가 지중해에서 대서양으로 바뀌자, 중세에 레반트 무역*으로 경제가 윤택해진 이탈리아의 항구 도시는 엄청난 타격을 입었습니다. 이를테면 아시아의 향신료 무역을 둘러싸고 포르투갈은 희망봉을 돌아 인도로 향하는 신항로를 이용해 인도양 무역을 독점합니다만, 이 독점은 얼마 지나지 않아 무너지고 동지중해를 경유해 아시아로 가는 옛 항로가 부활하지요. 그런데 오

◆　10세기부터 15~16세기에 걸쳐 북이탈리아 상인들이 레반트, 즉 이집트, 시리아, 소아시아 등 이탈리아 동쪽에 있는 지중해 연안 국가들을 중계지로 삼았던 동서 교역이다. 비잔틴 제국의 멸망과 오스만 제국의 발흥으로 흔들리다. 1498년 동인도 항로를 발견하면서 동서간 직접 무역이 시작되자 점차 쇠퇴했다.

스만 제국과 우호 관계를 맺은 영국이나 프랑스가 이 교역을 거의 독점한 탓에 이탈리아 항구 도시의 활동은 미진한 것이 되어 버립니다. 이렇게 베네치아, 제노바의 영화도 스러지고 대항해 시대에 뒤늦게 가세한 이탈리아는 유럽 경제의 낙오자가 되고 말지요. 이탈리아 귀족은 상업에서 손을 떼고 토지 경영으로 이윤을 획득하려고 합니다. 요컨대 상인에서 지주로 변모해 간 것입니다.

스페인의 식민지가 된 나폴리

그러나 신대륙의 새로운 음식 재료가 이탈리아에 들어오지 않았던 것은 아닙니다. 15세기 중반 이후 남이탈리아의 나폴리 왕국은 스페인의 지배를 받아 식민지가 되었고, 이로써 이탈리아는 스페인 경제에 합류하게 됩니다.

앞에서 남이탈리아에는 노르만족이 이전에 양 시칠리아 왕국을 세운 적이 있다고 했지요. 1189년 노르만 왕조가 단절된 이후 교황이나 독일 제후들이 투쟁에 휘말렸고, 한때는 호엔슈타우펜Hohenstaufen 왕조의 신성 로마 황제가 시칠리아 왕을 겸했습니다. 하지만 1268년에 그 왕조마저 끊어지자 프랑스의 앙주 왕가와 스페인의 아라곤 왕가가 오랫동안 다툼을 되풀이했지요. 그러다가 결국 14세기에 이탈리아 반도 남부는 앙주 왕가(나폴리 왕국), 시칠리아 섬은 아라곤 왕가

(시칠리아 왕국)가 지배하게 되었습니다.

그러나 그 후에도 나폴리 왕국에서는 얽히고설킨 세력 다툼이 끊이지 않았고, 결국 시칠리아 섬을 지배하던 아라곤 왕국의 알폰소 5세Alfonso V de Aragón에 의해 1442년에 정복당하고 맙니다. 알폰소 5세는 나폴리와 시칠리아를 합친 양 시칠리아 왕국의 왕이 됩니다. 이윽고 본국 스페인이 아라곤 왕국에서 스페인 왕국(합스부르크가)으로 넘어가고, 나폴리는 스페인의 부왕副王(군주의 대리인으로 식민지나 속주를 통치하는 관직―옮긴이)이 지배하는 속국이 되었습니다. 스페인이 남이탈리아를 지배하는 체제는 스페인 계승전쟁(1701~1714)으로 인해 부르봉가로 왕가가 교체된 후에도 일시적인 예외를 제외하면 1861년 이탈리아가 통일을 이룰 때까지 계속되었습니다.

스페인의 지배 체제는 제후나 기사의 권리를 제한했고 도시 자치도 완전히 억압했습니다. 상업은 특권을 얻은 외국 상인의 손에 맡겨지고 궁정의 고급 관리나 왕국의 재정 실무도 외국인이 독점했습니다. 본국에서 건너온 왕족이나 왕권과 결탁해 광범위한 영지를 소유한 귀족은 물론이고, 토착 귀족도 스페인 왕에게 충성을 서약하고 군역에 종사해야만 특권을 얻을 수 있었습니다. 영주가 농민을 수탈하는 구조, 외국인을 위해 현지인이 희생해야 하는 구조가 계속되었던 것입니다.

이탈리아 북부와 중부의 도시는 나폴리 왕국이나 시칠리아 왕국에 모직물 같은 각종 상품을 수출하고 밀을 비롯한 식료품이나 원료를 수입했습니다. 이탈리아 통일 이후 분명히 드러나는 남북문제, 즉 남쪽이 경제적으로 북쪽에 종속당하는 구조는 이미 이 시기부터 조짐

을 보였다고 생각합니다. 그런 상황에서 남이탈리아의 도시는 1장에서 본 북부와 중부 같은 자치 도시로 발전할 여지가 없었으며, 북이탈리아처럼 도시가 중심지가 되어 주변 농촌 지역을 지배하는 도시—농촌의 관계도 없었습니다.

스페인의 지배는 남이탈리아 농민을 가난으로 몰아넣은 불행한 일이었겠지요. 그러나 한편으로는 스페인을 통해 신대륙의 새로운 식재료가 들어와 음식 문화에 덕을 본 것도 사실입니다.

고추의 등장

파스타와 관련된 향신료에는 후추, 계피 등 고대와 중세부터 사용한 것과 이 시기에 들어와 새롭게 쓰이기 시작한 것이 있습니다. 신대륙을 발견하면서 장래 이탈리아 요리의 총아로 떠오르는 몇몇 향신료가 새롭게 얼굴을 비추게 된 것입니다.

신참 향신료 중에서도 특히 중요한 것이 바로 고추입니다. 알리오 올리오 페페론치노aglio olio e peperoncino(마늘, 올리브유, 빨간 고추를 넣은 가장 기본적인 조리법) 파스타를 비롯해, 현대 이탈리아 요리에서 고추는 토마토와 더불어 필수 양념입니다. 둘 다 대항해 시대에 아메리카 대륙에서 들어왔지요.

고추는 토마토와 달리 비교적 이른 시기에 이탈리아인의 식습관에 적응해 16세기에는 일반적으로 보급되었습니다. 누구나 금방 수궁하겠지만, 농민 요리를 기본으로 삼는 이탈리아에서는 전분질이 주체가 되고, 거기에 알싸하게 감각을 자극하는 향신료가 풍미를 내는 데 빠질 수 없습니다. 나폴리의 자연과학자이자 극작가인 조반니 바티스타 델라 포르타Giovanni Battista della Porta는 16세기 말에 다음과 같이 단언했습니다.

"우리는 가능하면 양념으로 고추를 사용한다. 왜냐하면 그 맛 자체가 소스를 더할 나위 없이 고귀한 것으로 만들어 주기 때문이다."

후추와 달리 고추는 쉽게 재배할 수 있는 식물이었습니다. 특히 이탈리아 남부에서는요. 그래서 곧장 재배를 시작했고, 민중은 일상생활에서 고추를 향신료로 썼습니다. 오늘날에도 남이탈리아는 고추의 산지이며 요리에 고추를 많이 넣는답니다.

PEPE D'INDIA.

초기의 고추 그림

달콤한 파스타

이 시대에는 설탕도 파스타 요리에 썼습니다. 설탕이 없던 시대에는 벌꿀이 유일하고도 귀한 감미료였지요. 중세에는 무엇보다도 대지를 울창하게 덮은 숲에서 야생 벌집을 찾아 꿀을 얻었습니다. 머지않아 주로 북방 유럽 숲에서 양봉을 시작했는데, 영주가 이를 삼엄하게 감시했다고 합니다.

사탕수수 재배는 이슬람교도의 지배 아래 놓인 시칠리아 섬이나 키프로스 섬 등에서 비교적 이른 시기에 성행했습니다. 십자군을 계기로 사탕수수 재배와 제당 기술이 유럽 전역에 전해졌지요. 그러나 16세기를 훌쩍 지나서야 설탕의 대량 소비가 가능해졌습니다. 그때부터 카리브 해의 스페인령 섬들이나 포르투갈이 지배한 브라질에서 대규모 플랜테이션을 시작했기 때문이지요. 그래서 설탕은 중세에 약품이나 향신료로 취급되었고, 귀족이 아니면 구경하기 힘들었습니다. 파스타에 설탕을 넣은 것도 귀족뿐이었겠지요.

1장에서 소개한 코모의 요리사 마르티노는 '시칠리아의 마케로니' 요리법에 "파스타를 작은 접시에 담고 나서 강판에 간 치즈를 충분히 얹고 생버터와 달콤한 향신료를 뿌리라"고 썼습니다. 그 후 근대를 거쳐 설탕과 계피는 치즈와 함께 파스타에 없어서는 안 될 친구가 됩니다. 16세기에 크리스토포로 메시스부고가 쓴 글에도 궁정 연회용 마케로니나 베르미첼리에는 벌꿀이나 설탕을 넣으라는 지시가 자주 나옵니다. 또한 스카피도 요리책에서 거의 모든 파스타 요리법에 치즈, 설탕, 계피를 뿌리라고 했을 정도입니다.

이미 13세기에 신성 로마 제국의 황제 프리드리히 2세가 '달콤한 소스를 뿌린 마케로니'를 무척 즐겨 먹었다는 증언이 있습니다. 황제도 파스타에 설탕을 뿌렸던 것입니다. 부자들은 설탕, 벌꿀, 계피, 너트메그netmeg 등 달콤한 계열의 향신료 외에도 생강, 사프란, 향나무, 커민(톡 쏘는 향과 매운맛이 특징인 향신료—옮긴이) 같은 향신료를 첨가했던 것 같습니다. 향신료를 듬뿍 넣는 사치가 고귀한 신분의 증표이기도 했지요. 가난한 사람은 기껏해야 치즈로 만족해야 했습니다.

이러한 단맛 파스타의 흔적은 현재 생각지도 못한 곳에 남아 있습니다. 이탈리아어로 달콤한 파스타인 '마케로니'가 프랑스어 '마카롱'macarons이 된 것이지요. 오늘날 일본에서도 백화점 양과자 코너에서 '마카롱'이라는 인기 있는 과자를 자주 볼 수 있습니다.

토마토와의 만남

대항해 시대와 더불어 구대륙에는 아직 존재하지 않았던 야채가 몇 가지 들어와 이탈리아 식문화에 뿌리를 내렸습니다. 그중에는 파스타에 넣는 재료도 있었지요. 개중에도 이탈리아 요리의 대명사가 될 정도로 막중한 지위에 오른 것이 있었으니, 그것이 바로 토마토입니다.

토마토의 원산지는 안데스 산맥 서쪽 비탈인 페루와 에콰도르이고, 여기에서 중앙아메리카로 퍼져 갑니다. 그 후 스페인을 경유해 유럽에 들어온 것이 16세기 전반인데, 처음에는 진기한 관상용 식물일 따름이었지요. 이탈리아에 토마토가 들어온 것은 1554년입니다. 나폴리에 도착한 스페인 범선에 다른 물품과 함께 토마토 종자도 들어 있었다는군요.

토마토는 당초 벨라돈나, 히요스, 맨드레이크 등 독성으로 알려진 식물들*과 비슷해 위험하다며 거의 받아들여지지 않았지요. 하지만 선명한 색감 때문에 17세기부터 정원이나 뜰, 발코니에 관상용으로 심거나 선물용으로 재배하기 시작했습니다. 물론 호기심을 이기지 못하고 토마토의 특성을 관찰하거나 맛을 보는 용감한 사람도 있었지요.

시에나의 의사 안드레아 마티올리Pietro Andrea Gregorio Mattioli가 그런 사람이었어요. 그는 1554년에 '가짓과 식물'인 가지와 함께 '황금 사과'인 토마토를 면밀하게 관찰하고 나서는 먹을 것을 제안했습니다. 토마토에 올리브유, 후추, 소금을 넣어 가열하거나 삶은 토마토를 잘게 썰어 올리브유나 버터에 튀긴 다음 후추나 소금으로 맛을 내라고 했지요. 선견지명이 있는 이 조리법은 나중에 토마토의 기본 조

---

* 벨라돈나(belladonna)는 가짓과 여러해살이풀로, 알칼로이드 독성이 강해 옛날부터 만드라고라와 함께 '악마의 풀'이라고 불렸다. 히요스(hyoscyamus niger)는 사리풀이라고도 하며, 가짓과 한해살이풀로 잎과 씨에 맹독이 있어 마치 약재로 쓰인다. 특히 잎에서 구토를 유발하는 냄새가 난다. 맨드레이크(mandrake)는 가짓과 여러해살이풀로 사람의 하반신을 닮은 독특한 모양 때문에 불길한 미신이 많으며, 중세에는 욕망을 이루어 주는 부적으로 생각하기도 했다.

Poma amoris fructu
rubro.

초기의 토마토 그림

신대륙에서 건너온
토마토

리법이 되었습니다. 그러나 웬일인지 16~18세기 요리사들이 꺼리는
바람에 조리법은 빛을 보지 못했지요. 토마토소스가 탄생한 경위는
순서에 따라 이 장 끝에서 설명할게요.

호박과 파스타

대항해 시대에는 파스타와 궁합이 잘 맞는 식물이 속속 이탈리아에
들어왔습니다. 가지와 돼지호박(주키니)도 파스타 소스의 건더기로 자
주 쓰이지만, 토마토와 더불어 가장 특기할 만한 것은 아무래도 호박
입니다. 호박은 종류를 망라하고 태곳적부터 지구상에 뿌리를 내렸다
고 합니다. 이탈리아에서는 로마 시대부터 건강에 좋은 음식으로 호
박을 먹었지요. 그러다가 신대륙에서 들어온 새로운 호박 품종이 이

탈리아 사람들의 흥미를 끌어 16세기 초부터 유행합니다.

또한 15세기 말 플라티나*에서부터 4장에서 소개할 19세기 아르투시에 이르기까지 여러 요리사가 그들의 요리법에서 언급했듯, 호박으로는 미네스트라, 토르타torta(야채나 고기소를 넣은 타르트 요리), 프리텔라frittèlla(밀가루에 설탕, 우유, 달걀 등을 넣고 반죽해 기름에 튀긴 과자) 등을 만들어 먹었습니다. 호박은 고기나 치즈, 달걀과 함께 다양한 방식으로 조리했지요.

포 강 동부 유역 중에서도 특히 페라라에서는 16세기 궁정 요리사 크리스토포로 메시스부고나 조반 바티스타 로세티Giovan Battista Rossetti가 기록해 놓았듯, 호박 속에 꿩고기 혹은 닭고기를 잘게 다져 넣거나 속을 채운 비둘기를 통째로 넣었습니다. 또는 거꾸로 치즈로 맛을 낸 호박을 소로 넣은 토르텔리를 거세한 수탉 고기 위에 얹는 등 공들인 요리에 호박이 등장했습니다.

페라라 공작이었던 에스테 가문의 식탁에는 이미 1584년에 호박 토르텔리인 토르텔리 디 주카tortelli di zucca가 올라왔다는 사료가 남아 있습니다. 16~17세기는 틀림없이 호박 토르텔리 요리에 있어 획기적인 시기였을 겁니다. 당시 요리사들은 신대륙에서 들어온 다양한 호박으로 파스타 만드는 방법을 고안했겠지요.

◆　　Bartolomeo Platina, 1421~1481. 본명은 바르톨로메오 사키(Bartolomeo Sacchi)이며, 르네상스 인문주의자이자 요리학자이다. 메디치 가문의 궁정인, 로마 교황 바오로 2세의 서기관 등을 역임하고, 만년에는 교황 식스토 4세의 후의를 입어 바티칸 도서관 초대 관장을 지냈다.

호박은 혁신적인 파스타 재료였습니다. 왜냐하면 노란색과 달콤한 맛을 겸비한 아주 귀중하고도 편리한 식자재였기 때문이지요. 호박을 사용하기 전에는 토르텔리에 단맛을 내기 위해 설탕이나 아몬드 밀크 또는 그냥 아몬드를 사용했는데, 그런 재료는 거의 값이 비쌌지요. 노란색이 나는 재료로는 사프란이 있지만 이것도 몹시 비쌌습니다. 그런데 아메리카에서 건너온 호박으로 단맛과 노란색이라는 두 마리 토끼를 모두 잡을 수 있었던 것입니다. 호박이 등장함으로써 예전에는 고급 귀족의 전유물이었던 노란색의 달콤한 토르텔리는 하층민이나 시골 사람들도 맛볼 수 있는 요리가 되었습니다.

분명하게 언제라고는 단정할 수 없지만, 포 강 중동부 유역(만토바나 페라라)에서 호박 토르텔리는 궁정 담을 넘어 크리스마스이브에 여염집에서 먹는 파스타 요리로 일반화되었고, 나중에는 일 년 내내 먹는 그 지방 명물 요리가 되었습니다. 물론 이탈리아 전체로 보자면, 호박이 누구나 먹을 수 있는 흔한 음식으로 뿌리를 내린 것은 19세기, 아니, 20세기나 되어서일 정도로 상당히 나중입니다.

옥수수와 감자

그럼 이번에는 곡물과 감자류를 살펴볼까요? 옥수수와 감자는 근대 파스타가 발전하는 데 없어서는 안 될 재료였습니다.

옥수수는 일찍이 1493년에 콜럼버스 덕분에 유럽에 옮겨 심어져 금방 유럽 토양에 적응했습니다. 16세기 초에는 스페인에서 재배하기 시작했고, 1530년이나 1540년에는 베네토 등 북이탈리아에서도 재배가 이루어졌지요.

옥수수는 다른 곡물의 대체 식품이 되었을 뿐 아니라, 잎은 가축의 사료가 되기도 했습니다. 휴한지에 심거나 농민이 먹기 위해 자기 집 마당에 심기도 했습니다. 17세기까지는 사람이 먹을 것이 아니라는 편견 때문에 음식 재료로는 잘 보급되지 않았지요. 하지만 17세기 이후 그런 편견이 점점 사라지면서 조나 수수를 주식으로 먹던 척박한 지역에서 옥수수 섭취 비중이 높아졌고, 특히 북이탈리아 일부 지역에 옥수수가 널리 퍼졌던 것 같습니다.

한편, 감자도 새로운 작물이었습니다. 1530년에 스페인 사람이 신대륙에서 맨 처음 접한 이후, 16세기 말에 감자는 스페인을 매개로 유럽 각지로 퍼졌습니다. 하지만 감자를 보고 곧바로 열광한 것은 영국인뿐이었지요.

이탈리아에서는 감자도 옥수수 못지않게 오랫동안 사람이 먹기에는 적당하지 않다고 여겼습니다. 감자는 중세부터 멸시해 온 순무나 조를 연상시킨다거나 소화가 잘 안 된다는 이유로 200년 동안 기껏해야 가축에게나 먹였을 뿐입니다. 16~17세기에는 맨발의 카르멜회* 수도사가 감자를 재배했지만, 농민들은 돼지 먹이로나 여기는 바람에 기근이 들었을 때도 입에 대려고 하지 않았습니다.

어떤 척박한 토지나 가혹한 기후 조건에서도 잘 자라는 감자는 18세기가 되어서야 식용으로 받아들여졌습니다. 18세기에 발생한 심각한 기근으로 인해 감자에 대한 태도가 바뀐 것이지요. 공권력을 필두로 해서 지식인이나 토지 소유자는 식사 메뉴에 감자 요리를 올리며 감자를 선전했습니다. 그 덕분에 먹을 것이 못 된다고 손도 안 대려던 농민들은 그제야 감자를 재배하기 시작했고 식탁에도 올렸지요. 1840년대에 비로소 감자는 대대적으로 보급이 이루어지면서 점점 더 불어나는 인구를 먹여 살리는 데 한몫 톡톡히 했던 것입니다.

감자는 밀가루나 빵가루를 대신하면서 특히 북이탈리아 파스타 문화에 없어서는 안 될 식재료가 되었습니다. 아니, 이제까지 천대받던 감자는 오히려 섬세하게 다룰 수 있는 요리 재료라는 평가를 받았으며, '뇨키'라는 파스타의 주재료로 등극함으로써 실로 사람들에게 널리 사랑받게 되었습니다.

메밀

신대륙이 아니라 유럽 북동부에서 건너온 메밀은 16세기에 이탈리아

◆　테레사 성녀와 함께 가르멜 수도원을 창시한 십자가의 성 요한 성인이 가난한 수도원에서 금욕 생활을 하면서 항상 맨발로 돌아다니며 사람들에게 회개와 믿음을 권고한 데서 유래한 이름이다. 12세기 팔레스티나에서 생겨나 지금도 전 세계에 수도원이 있다.

에서 확산되었습니다. 메밀이 이탈리아 사람들 속으로 파고들기 위해서는 역시 파스타 재료가 되어야 했지요. 메밀로 만든 '폴렌타'polenta가 바로 그것입니다. 폴렌타는 물이나 수프에 곡물 가루를 넣고 오랜 시간 푹 익힌 다음 휘저으면서 걸쭉하게 끓이는 요리입니다.

회색 폴렌타는 중세 이래 수수로 만든 고운 노란색 폴렌타와 쌍벽을 이루었고, 또 다른 노란색 폴렌타인 옥수수 폴렌타가 등장하기 이전에는 북이탈리아의 전형적인 요리였습니다. 이탈리아의 국민 작가 알레산드로 만초니Alessandro Manzoni가 17세기를 배경으로 쓴 『약혼자들』I promessi sposi(1827)이라는 소설을 보면 굶주림으로 고통 받는 가난한 토니오의 가족이 식탁에 둘러앉는 장면이 나옵니다. 그들의 식탁 위에 놓인 음식은 오로지 회색 폴렌타뿐입니다. 큰 접시에 그득하게 담긴 폴렌타는 보통 한가운데를 파내고 버터를 녹인 다음 가장자리부터 먹었습니다.

수탈당하는 남이탈리아

오늘날 파스타를 이야기할 때 빼놓을 수 없는 토마토소스는 17세기 말 나폴리에서 탄생했습니다.

남이탈리아는 중세 초기부터 근대까지 거의 끊임없이 외세의 지배를 받아 왔다고 앞에서 말했지요. 그런데 특히 16~17세기에 걸쳐 나폴리 왕국은 정치적으로 극심하게 암울했습니다.

본국인 아라곤 왕국과 카스티야 왕국은 국왕끼리 혼인 관계로 결탁해 통칭 '스페인 왕국'이 되었고, 1516년에는 두 나라 왕의 손자로서 명문가인 합스부르크가의 대를 잇는 카를로스 1세가 스페인 왕위에 올랐습니다. 3년 후인 1519년에 카를로스 1세는 신성 로마 제국의 황제 선거에서 프랑스의 국왕 프랑수아 1세를 누르고 황제 카를 5세가 됩니다. 이렇게 하여 중남미나 필리핀까지도 발아래 거느리는 스페인 제국이 본격적으로 성립하지요. 그러나 본국이자 제국 정책의 기둥이 되어야 할 스페인 왕국은 재정 적자가 막심했고, 나폴리 왕국까지 그 덤터기를 쓰게 됩니다.

나폴리 왕국은 멀리 떨어진 스페인 왕국의 '변경에 위치한 시골'로 여겨졌는데, 스페인 부왕이 다스렸을 뿐 아니라 관리는 거의 언제나 외국인이었지요. 그래서 그들은 자신과 군주를 위해 남이탈리아의 경제적 자산을 수탈할 생각만 했습니다.

확실히 나폴리 왕국은 중앙 집권적인 행정과 재판 조직을 갖추었고, 재산도 적지 않았지요. 왕국과 교회로 분화된 정치 조직을 움직이는 관료의 수는 엄청났습니다. 그들은 세밀하게 정해 놓은 각종 수수료를 수입원으로 삼았지요. 관리, 법률가, 변호사, 서기는 지주와 더불어 지배층을 이루었습니다. 그들 대다수는 화려한 궁정을 중심으로 공직을 세습했는데 이름뿐인 명예직이었지요.

한편, 농민과 도시 노동자는 궁핍한 생활로 신음했습니다. 인구의 대대수를 차지하는 그들은 죽을 때까지 가난을 벗어날 수 없다는 현실을 더 이상 참을 수 없어 반란을 일으킵니다. 첫 번째가 1585년 평민 총대 스타라체에 대한 폭동, 두 번째가 1647년 마사니엘로의 반란*으로 둘 다 식량 부족과 굶주림 때문이었습니다.

채소 먹보에서 파스타 먹보로

15세기 후반에서 17세기까지 스페인이 지배하는 나폴리 왕국 수도에서는 사람들이 '만자폴리아'mangiafoglia, 즉 채소 먹보라고 불릴 정도로 브로콜리나 양배추 등 잎채소를 많이 먹었습니다. 16세기 말 귀족 출신의 은행가, 지식인, 미술 수집가로 알려진 빈첸초 주스티니아니 Vincenzo Giustiniani가 관찰한 바에 따르면, 나폴리 사람은 대체로 잎 채소, 브로콜리, 과일을 대량으로 정신없이 무한정 먹었다고 합니다. 일반 양배추 이외에도 브로콜리, 꽃양배추, 방울양배추, 사보이양배추, 적양배추 같은 다양한 종류의 양배추를 밭마다 재배했습니다. 사람들은 계절에 상관없이 이런 채소를 먹었을 뿐 아니라, 삶은 양배추

◆　1647년 이탈리아 나폴리에서 발생한 시민 반란으로, 상인들에게 세금을 부과해 수탈을 강화하려는 스페인에 대항해 생선 상인이었던 마사니엘로(Masaniello, 본명은 Tommaso Aniello, 1620~1647)가 중심이 되어 일어났다. 7월에 발발한 하층민의 반란은 광범위한 시민 반란으로 번졌고, 시민들은 왕궁을 침입하고 관청이나 감옥을 부수었다. 마사니엘로는 '나폴리 인민 총사령관'으로 선출된 지 겨우 닷새 만에 동료에게 암살되었다. 그 후 반란은 농민까지 합세해 반스페인 폭동으로 발전하지만 일 년 뒤 스페인군에 진압되었다.

에 소금이나 후추, 올리브유 약간에 레몬 즙만 넣고서도 맛있게 먹었습니다. 이렇게 일 년 내내 가난한 사람이나 부자나 할 것 없이 매일같이 양배추를 식탁에 올렸다고 합니다. 물론 나폴리 사람들이 양배추만 먹은 것은 아니고 육류도 상당량 소비했습니다.

그러나 나폴리 사람들은 채소에 고기를 곁들인 오랜 식생활에서 파스타 중심의 식생활로 옮아갔습니다. 실제로 1장에서 봤듯이 '베르미첼리'(스파게티)가 나폴리의 일상 음식으로 뿌리 내린 것은 마사니엘로의 반란이 일어난 1647년 이후였습니다. 그때부터 나폴리 사람은 '만자마케로니'mangiamaccheroni, 즉 마케로니 먹보가 되었습니다. 앞에서 말했지만, 이 마케로니는 지금의 마카로니가 아니라 파스타를 총칭하는 말입니다. 가난한 민중도 겨우 먹을 수 있게 된 파스타가 주식 메뉴로 승격해 간 것이지요. 그리하여 파스타는 이탈리아 각지, 그리고 유럽 각국으로 수출되기에 이릅니다.

나폴리의 위장을 채운 영양식

17세기 나폴리에서 파스타가 보급된 것은 왜일까요? 15세기에 7만 5,000명이었던 나폴리 인구는 17세기 중반에 40만 명으로 급증했습니다. 그 뒤 역병이 도는 바람에 격감했다가 18세기 말에 다시 40만에 육박했지요. 이런 가운데 도시 인구의 급증과 영양 부족에 대처할

방책으로 파스타 보급이 이루어졌습니다. 인구 증가로 육류가 부족해진 상황에서 파스타가 고기를 대체하지는 못할지언정, 파스타의 원료인 세몰리나에는 글루텐, 즉 식물성 단백질이 풍부하게 들어 있을 뿐아니라, 치즈를 듬뿍 뿌려 동물성 단백질과 지방을 추가한다면 영양적으로 완벽해질 수 있습니다.

17세기 후반에 북이탈리아가 농업 기술을 개량하고 관개 시설을 도입해 수확률을 눈에 띄게 향상시킨 반면, 진취적인 기상이 부족한 남이탈리아 봉건 영주들은 토지 경영이나 농업 개선에 힘을 쏟지 않았습니다. 그럼에도 도시 나폴리에는 광대한 왕국이 거느린 풍요로운 농장으로부터 식료와 원료가 속속 모여들게 되어 있었지요. 중부나 북부 이탈리아의 도시로 수출하는 양이 적어진 것도 도움이 되었을 것입니다. 기근이 끝나자 일반 민중에게 보급되는 밀과 파스타 양도 늘어날 수 있었습니다. 1758년 보고서를 보면, 약 5,000톤의 파스타용 밀가루가 생산되었지요. 한 사람당 1년에 31파운드(오늘날 이탈리아인 평균 생산량을 조금 웃도는 정도)라는 말인데, 당시 나폴리 시민이 얼마나 궁핍했는지를 생각하면 놀랄 만한 수치입니다.

이렇게 도시 빈민층, 그나마 좀 여유가 있는 빈민층의 식사로 현지에서 만들어진 파스타가 점차 가장 높은 비중을 차지하게 되었습니다. 앞에서 말했듯, 17세기를 거치면서 나폴리 사람들은 일찍이 16세기에 시칠리아 사람들에게 전수받은 '마케로니'라는 이름을 이번에는 자신들이 차용하게 되었습니다. 17~18세기의 외국 여행자는 남이탈

나폴리의 포장마차에서 팔던 스파게티

리아뿐 아니라 이탈리아 각지에서 모든 사람의 식탁 위로 파스타가 파고든 것을 놓치지 않고 기술하고 있습니다.

아무튼 중세 시칠리아와 베네치아에서 시작되었다고는 해도, 근대 파스타 보급에는 나폴리와 나폴리 문화의 영향이 절대적이었습니다. 18세기부터 나폴리에서는 노점이나 포장마차에서 큰 냄비를 걸고 파스타를 만들어 팔았습니다. 이른바 최초의 길거리 음식이라고 해야겠지요. 나폴리 사람들은 처음에 아무 양념도 하지 않은 면에 후추와 치즈 가루만 뿌려 손가락 끝으로 솜씨 좋게 둘둘 말아 먹었습니다. 파스타 가게 옆에는 갈아 놓은 치즈가 늘 산더미처럼 쌓여 있었지요. 1787년 5월 29일, 문호 괴테는 『이탈리아 기행』에서 나폴리에 가 보니 어디서나 모든 종류의 마케로니를 싼값에 사 먹을 수 있었다고 써 놓았습니다.

기술 혁신과 풀치넬라

나폴리에 파스타를 보급하는 데는 기술 혁신도 지대한 역할을 했지요. 18세기 후반부터 산업혁명이 일어나 증기와 전력으로 움직이는 그라몰라(반죽 기계)와 토르키오(압착기)가 제작되었기 때문입니다.

　기계화를 추진한 사람은 양 시칠리아 왕국의 국왕 페르디난드 2세 Ferdinand II(재위 1830~1859)입니다. 그는 체사레 스파다치니 Cesare Spadaccini라는 기술자에게 기계 제작을 의뢰했습니다. 스파다치니는 기계를 고안하는 데 성공해 보고서를 올렸지만, 얼마 동안은 기계가 보급되지 않았습니다. 그 후 기술 혁신으로 한 차례 더 개량되고 나서야 파스타 기계는 겨우 보급의 걸음마를 떼었지요. 덕분에 과거에 비해 파스타를 만드는 비용이 훨씬 저렴해졌습니다. 파스타는 기계화와 대량 생산 덕분에 하층민도 언제나 먹을 수 있게 되었고, 이른바 노동자 음식의 상징으로 떠올랐지요.

　나폴리에는 빈궁하고 비참한 민중을 대변하는 도깨비가 있습니다. 바로 풀치넬라 Pulcinella*입니다. 풀치넬라는 언제나 굶주려 있지요. 18세기는 물론이고, 특히 19세기 이후 나폴리 희극에는 풀치넬라

풀치넬라와 파스타

와 함께 언제나 '마카로니' 또는 '마케로니'가 나옵니다. 왜냐하면 배
가 고픈 풀치넬라는 항상 마케로니를 배가 터지도록 먹는 게 꿈이거
든요. 그는 온갖 희극에서 마케로니를 향한 간절한 열망을 토로합니
다. 예컨데 이런 식이지요.

연인 클라리체가 묻습니다. "사랑하는 풀치넬라여, 당신은 무슨
꿈을 꾸시나요?" 풀치넬라가 대답합니다. "꿈에는 커다란 접시에 담
긴 마케로니가 나온다오. 위에는 고기 완자를 얹었지. 손을 뻗어 마케
로니와 고기 완자를 집어 먹기 좋게 적당히 들어 올린 다음, 요렇게
돌려서 입속에 쏙 집어넣지……."

◆　16~18세기 이탈리아에서 유행한 즉흥 가면극인 코메디아 델라르테(commedia dell'arte)에서 유래했
다. 나폴리 무언극에 등장하는 전형적인 캐릭터로 높은 코와 큰 북, 흰 옷 그리고 그와 대조되는 검은 마스크
가 특징이며 익살스럽고 풍자적이다.

토마토소스의 탄생

아까 대항해 시대에 어떤 음식 재료가 유입되었는지 서술하면서 토마토 이야기를 조금 했습니다만, 나폴리 사람들이야말로 토마토라는 재료를 이탈리아풍으로 부활시켰다고 할까, 참으로 파스타에 딱 어울리도록 토마토를 변신시키는 대업을 이룩했습니다. 바로 나폴리에서 '토마토소스'가 탄생한 것입니다.

17세기 말, 나폴리 출신으로 마체라타와 로마를 왕래하면서 고위 성직자와 도시 귀족의 요리사로 활약한 안토니오 라티니Antonio Latini의 '스페인풍 토마토소스' 요리법 덕분에 토마토소스는 시대의 총아처럼 등장했습니다. 우선 완숙 토마토를 숯불에 살짝 구운 다음 껍질을 벗기고 칼로 잘게 다집니다. 여기에 다진 양파, 후추, 백리향 또는 피망 등을 섞어 풍미를 더하고, 소금과 기름, 식초로 맛을 냅니다. 이 요리법은 백리향을 빼는 등 약간 손본 뒤 이탈리아 요리에서 대성공을 거두었고, 보존식품으로서도 창창한 앞날을 보장받았지요.

안토니오 라티니는 토마토소스를 데친 고기 등에 끼얹어 먹도록 권했는데, 얼마 지나지 않아 나폴리에는 토마토소스를 다양하게 활용하는 요리사들이 등장했습니다. 그리하여 18세기 후반에는 파스타와 토마토가 완전히 짝을 이루었고, 나폴리는 이탈리아에서 파스타 산업의 중심지로 발돋움했지요. 19세기 초에는 행상인이 돌아다니며 토마토소스를 팔았습니다. 나폴리 귀족이었던 이폴리토 카발칸티

Ippolito Cavalcanti는 『요리의 이론과 실제』*La cucina teorico pratica*(1839)에 '토마토소스를 넣은 베르미첼리' 요리법을 실었는데, 이것이 토마토소스와 파스타의 결합을 보여 주는 최초의 문헌입니다. 그 후 토마토소스의 인기는 식을 줄 모르고 이탈리아인의 입맛을 사로잡아 토마토 소비량이 폭발적으로 증가했습니다.

지역마다 다른 소스

궁정의 지배층이 다양한 소스 개발에 힘쓴 것은 말할 것도 없지만, 17세기 말부터 서민들도 땅에서 나는 재료를 이용해 지역마다 다양한 소스를 열심히 개발했습니다. 예를 들어 에밀리아 지방에서는 조가루로 만든 말탈리아티maltagliati(마름모꼴이나 찌그러진 사각형으로 자른 파스타)에 호두 소스나 리코타ricotta 치즈(이탈리아산 소젖 또는 양젖으로 숙성하지 않고 만든 연질 치즈―옮긴이)를 기본으로 한 소스로 맛을 내는 걸 선호했고, 피에몬테 지방에서는 닭 내장을 이용한 소스나 양고기로 만든 라구ragu(잘게 썬 고기나 생선을 푹 끓여서 만든 소스)를 널리 이용했습니다. 그 밖에도 소스가 많은데, 4장에서 좀 더 설명하겠습니다.

　'아라비아타'arrabbiata(화가 난다는 뜻으로, 고추를 넣어 매운 맛을 낸 토마토소스―옮긴이)라든가 '알리오 올리오' 같은 매운 파스타는 아주 최근에 등장한 것입니다. 애초에는 고추가 없었으니 당연한 소리겠지만,

맛을 내는 중심 재료는 어디까지나 치즈였습니다. 요즘 가장 인기 있는 파스타—토마토소스 조합은 18세기 후반에 시작되어 1820년대에 들어와서야 확립된 것입니다. 지역마다 다른 파스타의 특색에 대해서는 4장을 참고해 주세요.

3장

농민의 파스타, 엘리트의 파스타

pasta

중세 농민의 생활

1장과 2장에서 우리는 고대부터 근대까지 파스타가 역사적으로 이탈리아 및 이탈리아 국민과 떼려야 뗄 수 없는 관계라는 것을 살펴봤습니다.

이탈리아 문화를 형성하는 주요 인물들을 꼽는다면 사회의 '엘리트'라 일컬어지는 계층을 떠올릴 수 있습니다. 그렇지만 음식 문화에 있어서는 엘리트뿐만 아니라 대다수 '민중'의 힘이 커다란 역할을 해냈지요. 그도 그럴 것이 이탈리아에서 먹을 수 있는 음식 대부분이 민중의 입으로 들어갈 뿐 아니라 먹을거리와 연관된 생활양식이나 생활의 지혜는 대체로 민중의 손으로 쌓아 올린 것이기 때문입니다. 엘리트는 거기에 세련미를 더해 윤택한 음식 문화를 창조한 것이지요. 여기에서는 구체적인 사람들의 면면과 식탁 풍경을 통해 민중과 엘리트가 파스타라는 '요리'를 만들어 가는 모습을 살펴보기로 하겠습니다.

1장에서는 오늘날과 비슷하게 물과 결합한 파스타가 생겨난 시기가 중세였다는 것을 배웠습니다. 지금부터는 이탈리아에서 탄생한 파스타가 점차 인기를 얻어 가던 중세에 민중, 즉 농민과 영주는 어떤

영주의 성과 농장에서 일하는 농민

관계를 맺고 있었는지, 그에 관해 먼저 배워 봅시다.

중세를 통틀어 농민은 영주에게 복종했습니다. 영주는 토지를 소유하고, 농민은 영주의 토지에서 직접 농사를 짓습니다. 농민은 영주에게서 토지를 빌려 농사를 짓는 소작농과 인격적인 자유도 없이 영주의 직영지에서 일하는 농노로 나눌 수 있습니다. 소작농은 영주의 땅을 빌리는 대가로 소작료를 바쳤습니다. 소작료는 일반적으로 장원마다 2분의 1이나 3분의 1로 비율이 정해진 생산물 지대(밀이나 포도주)였지요. 더구나 소작농들은 토지를 빌려 농사를 짓는 동시에 부역으로 영주의 직영지를 무상으로 경작해야 했습니다. 부역은 일주일에 하루나 이틀 정도였지만, 농번기에는 집중적으로 노동력을 바치기도 했지요. 농민은 물레방아로 움직이는 맷돌을 사용해 탈곡하거나 화덕에 빵을 구울 때도 영주에게 꽤 많은 돈이나 밀 또는 소금을 지불해야만 했습니다. 맷돌이나 가마를 소유하는 것이 영주의 특권이었거든요.

이렇게 중세 농촌은 신분적 차별이 확실하게 자리 잡은 사회였습니다. 먹을거리도 마찬가지였지요. 영주와 달리 농민은 좋아하는 음식을 제대로 먹을 수 없었습니다. 자기 손으로 밀 농사를 지어도 영주한테 지대로 바치거나 시장에 내다 팔아야 했습니다. 밀로만 만든 흰빵을 입에 대는 일은 좀처럼 드물었고, 다른 잡곡을 섞어 만든 빵을 먹었습니다. 농민에게는 사과나 복숭아, 배 같은 과일을 먹는 것도 사치였지요. 과수원에서 재배한 과일은 거의 영주에게 바쳐야 했고, 고기도 거의 입에 댈 수 없었습니다.

밀 대신 잡곡

고대 로마에서 유래한 것 가운데 곡물을 대표하는 것이 밀이었지만, 북유럽의 척박한 풍토에서는 밀을 안정적으로 충분히 수확할 수 없었습니다. 그래서 7~10세기에 걸쳐, 예전에는 눈길도 주지 않았던 잡곡(보리, 귀리, 스펠트 밀, 보리, 피, 수수, 조, 기장 등)을 밀 대신 재배했지요. 북방은 물론 비교적 기후 조건이 양호했던 남이탈리아에서도 예외가 아니었습니다. 잡곡 재배에는 다음과 같은 사정이 숨어 있었지요.

1장에서 훑어보았듯, 중세 초기 이탈리아는 랑고바르드를 비롯한 게르만족의 지배를 받아 경작지가 갑자기 줄어들고 황량한 땅, 숲, 목장, 늪지가 늘어났습니다. 이로 인해 농업이 전반적으로 후퇴하면서 집약적 노동을 요구하는 밀 재배도 쇠퇴했지요. 그 대신 엄혹한 기후나 비옥하지 않은 토양에도 굴하지 않는 잡곡을 재배하면서 북방에서 건너온 귀리를 비롯해 잡곡은 대다수 사람들의 주식이 되었습니다. 특히 북이탈리아 포 강 유역에서는 잡곡이 광대한 초원처럼 자라고 있었지요. 중세 전성기부터 후기 중세까지 삼림 벌채 및 개간과 간척이 진행되면서 밀 재배가 증가하기는 했지만, 이탈리아 서민의 식생활은 잡곡 위주의 곡물 중심이었다는 것을 기억해 두어야 합니다.

밀을 대신하는 잡곡은 대부분 빵으로 만들어 먹었습니다. 농촌에서는 밀로만 만든 흰 빵보다는 호밀, 보리, 귀리 등을 섞은 혼합 빵(검은 빵)을 주로 먹었지요. 잡곡은 빵으로 만드는 것 외에도 미네스트라,

추파zuppa(수프), 데코티decotti(탕약), 파파pappa(토마토, 바실리코, 올리브유 등을 첨가한 빵 죽)의 재료가 되었습니다.

언제나 밀을 먹을 수 있었던 귀족과는 달리, 농민은 콩류와 더불어 귀족이 천한 음식이라고 거들떠보지도 않은 잡곡을 일상적으로 먹어야 했습니다. 하지만 이러한 식생활이야말로 길게 보면 이탈리아를 파스타의 나라로 만든 공신이라 할 것입니다.

한랭지나 척박한 토지에서도 잘 자라는 귀리 수확

파스타의 원형

잡곡이 파스타에 공헌했다고 말하는 까닭은 농민들이 일상적으로 수프에 잡곡을 넣어 먹은 습관이 훗날 파스타 사랑의 밑거름이 되었다고 생각되기 때문입니다. 가난한 농민의 주식은 혼합 빵 외에도, 소금에 절인 고기 조각을 아주 조금 넣어 향만 낸 걸쭉한 야채수프였습니다. 거기에는 보통 콩류, 양배추, 양파, 뿌리채소(무, 당근, 순무, 파) 등이 들어갔을 겁니다. 구할 수 있을 때는 허브(골파, 파슬리, 쐐기풀, 백리향, 샐비어)도 넣었지요. 거기에 우유, 버터, 후추, 올리브유를 살짝 떨어뜨리면 그만이었고, 빵 조각을 넣어도 맛있었습니다. 중세 농민이 만들어 먹은 걸쭉한 수프는 오늘날 이탈리아 '미네스트라'의 전신이라고 볼 수 있지요. 미네스트라 중에서 특히 건더기가 듬뿍 들어간 것을 미네스트로네minestrone라고 합니다.

내 생각에 파스타와 미네스트라는 친척 관계이거나 파스타가 미네스트라에 속하는 관계에 있다고 봅니다. 물론 현대 이탈리아 요리 체계에서는 미네스트라와 파스타를 다른 요리로 분류하지만, 코스 요리를 짤 때는 둘 다 전채 다음에 오는 '첫 번째 요리'라는 점에서 친구 사이입니다. 또한 그 둘은 곡류와 채소로 만든다는 점, 기름보다는 물(탕)과 어우러진다는 점, 두 번째 요리인 고기나 생선 요리보다 저렴하고 서민적인 요리라는 점, 목 넘김이 좋고 먹기 편하며 소화도 잘되고 영양가도 높다는 점도 공통적입니다.

1장에서 기술했듯이 근대 이전에는 오늘날에 비해 파스타를 대단히 부드럽게 삶아서 먹었고, 다 삶은 후에도 수분이 없어지지 않도록 수프나 브로도를 넣었습니다. 더구나 삶은 국물과 함께 나오는 일종의 파스타 인 브로도(수프 파스타)가 주류였습니다. 파스타를 건더기라고 생각하면, 파스타 인 브로도는 바로 미네스트라가 되는 것이 아닐까요? 두 요리의 연속성은 부정할 수 없을 듯합니다.

중세에 등장한 파스타는 근대에 들어와서야 본격적으로 보급되었지요. 그러나 '원래의 파스타'라고 할 만한 것은 훨씬 이전부터 퍼져 있었습니다. 다시 말해 혼합 빵과 더불어 민중이 주로 먹었던 수프, 즉 잡곡, 콩류, 채소 중심의 걸쭉한 수프(미네스트라)가 어떤 의미에서는 파스타의 선구자였던 것입니다.

잡곡이나 채소 미네스트라는 영주나 귀족에 비해 신분도 낮고 식생활도 빈곤했던 중세 이탈리아의 농민들이 보양식으로 고안한 음식이었습니다. 농민들이 이웃 사람이나 친척, 나그네로부터 '파스타'라는 음식을 전해 듣고 만들어 먹으려고 했을 때, 그때까지 일상적으로 먹던 '미네스트라'와 공통 요소가 많았을 것입니다. 더구나 맛이 조화롭고 씹는 느낌이 월등하게 좋은 파스타를 망설임 없이 환영했으리라는 것은 쉽게 상상할 수 있습니다. 그런 경향은 농민뿐만 아니라 12세기 이후 도시의 일반 시민들도 비슷했을 것입니다. 이렇듯 파스타는 이탈리아 민중에 의해 퍼져 나간 것입니다. 물론 머지않아 파스타의 맛을 알게 된 귀족도 궁정 요리 메뉴에 파스타를 올리기 시작하지만요.

대식가 노도 이야기

그렇지만 민중 속에서 널리 퍼졌고 민중이 항상 동경한 음식이었던 파스타를 금방 일상적으로 먹게 된 것은 아니었습니다. 이를 증명하는 재미있는 일화가 있습니다. 14세기 후반에 피렌체의 작가 프랑코 사케티*가 펴낸 설화집 『300편의 작은 이야기』*Il trecentonovelle*(1399)에는 흥미롭게도 '음식'이 자주 화제에 오르는데, 그중 파스타에 관한 이야기가 있습니다.

『300편의 작은 이야기』124화를 소개합니다.

노도 단드레아, 이 남자는 오늘날에도 아직 건재합니다만, 대단한 대식가라서 음식이 뜨거워도 결코 개의치 않았습니다. 그가 목구멍 깊숙이 음식을 퍼 넣을 때에는 마치 음식이 깊은 우물 속으로 떨어지는 것 같았습니다. 이 일화를 쓰고 있는 나도 증인입니다. (중략)

그는 누군가와 음식을 나눠야 하는 상황이 오면, 화상을 입을 정도로 음식이 뜨겁기를 신에게 기도했습니다. 상대방 것도 먹을 수 있게 해 달라는 속셈이었지요. 포도주에 넣고 졸인 뜨거운 배 요리가 나왔을 때, 상대방에게는 고기 써는 접시밖에 안 남았고 다른 음식은 입에 댈 생각도 할 수 없었습니다.

전에 노도 단드레아가 몇 사람과 식사할 기회가 있었는데, 그는 조반니 카시오라는 재미있는 이름을 가진 남자와 고기 써는 접시(식사)를 나누게 되었습니다. 그런데 우연히 정말 화상을 입을 것처럼 뜨거운 마케로니가 나온 것입니다. 조반니 카시오는 이렇게 중얼거렸습니다.

"아아, 정말로 낭패로구나! 점심을 먹으러 온 것인데, 노도가 음식을 죄

◆　　Franco Sacchetti, 1335~1400. 시인이자 소설가로 지방 행정관을 지내며 이탈리아 각지를 여행했다. 정치적 견해와 신앙심을 담은 글은 물론 연애시도 많이 남겼다.

다 걸신들린 듯 쓸어 넣는 것만 보게 생겼네. 더구나 운 나쁘게도 마케로니가 나오다니! 나까지 먹어 치우지 않은 것을 다행으로 여기자!"

노도 단드레아는 마케로니를 휘휘 저어 소스와 섞더니 목구멍 깊숙이 집어넣었습니다. 조반니 카시오도 포크로 한 입 살짝 떠 보지만, 김이 풀풀 나는 것을 보니 입에 넣을 용기가 나지 않았지요. 그러는 동안 노도는 여섯 입이나 꿀꺽 삼켜 버렸습니다. 조반니는 얼른 다른 방법을 생각해 내지 않으면 이 요리가 남김없이 가벼나움(예수한테 저주받는 팔레스티나의 마을), 그러니까 노도의 입속으로 사라져 버릴 것이라고 생각하고 속으로 말합니다.

'아무리 그래도 이 남자가 내 몫을 전부 먹어 치우도록 내버려 두지는 않을 테다!'

그래서 조반니는 노도가 마케로니를 한술 뜨자마자 똑같이 한술 떠서는 개한테 주려고 땅바닥에 던져 버렸습니다. 그가 그런 행동을 몇 번이나 계속하니까 노도가 말했습니다.

"아이고, 도대체 무슨 짓이냐?"

조반니는 이렇게 대답했지요.

"너야말로 무슨 짓이야? 내 것까지 네가 먹게 놔둘 수는 없어. 차라리 개한테 주는 게 낫지."

노도는 웃으면서 먹는 속도를 더 냈지요. 그러나 조반니 카시오도 더 빠른 속도로 개한테 음식을 던져 주었습니다.

드디어 노도가 말했습니다.

"그만하면 이제 됐어. 천천히 먹을 테니 개한테 주지 말라고!"

조반니는 웃으며 대꾸했습니다.

"네가 지금까지 먹어 치운 것을 생각하면, 네가 한 술 뜰 때마다 나는 두 술 뜰 권리가 있어. 난 아직 한 입도 먹지 못했으니까."

노도가 그건 부당하다고 항의하자 조반니는 말했지요.

"만약 내가 두 술 뜰 때 네가 한 술 이상 뜬다면, 난 내 몫을 개한테 던져 줄 테야."

드디어 노도는 조반니의 말을 순순히 따랐고, 음식을 천천히 먹도록 조심하지 않으면 안 되었습니다. 이런 일은 평생 처음 있는 일이었지요. 식탁에서 노도 스스로 자제하도록 만들 수 있는 사람과 만난 일이 이제까지 한 번도 없었으니까요.

이 이야기는 그날 아침 차려 놓은 그 어떤 요리 이상으로 대단히 마음에 들었습니다. 이렇게 분별없이 음식을 게걸스럽게 먹던 남자는 새로운 꾀쟁이 덕분에 마음을 가라앉히고 먹으라는 명령을 받아들였던 것입니다.

대식가 노도 단드레아는 실로 남의 말을 안 듣고 음식을 마구 퍼먹는 막무가내였지만, 이번에는 꾀돌이 남자에게 꼼짝 못하고 걸려들었던 모양입니다.

그런데 이 이야기에 따르면 노도는 펄펄 끓는 뜨거운 마케로니를 눈 깜짝할 사이에 먹어 치우는 '능력'이 있었던 듯합니다. 여기에서 말하는 '마케로니'가 과연 어떤 음식인지는 알 수 없지만, 생파스타의 일종인 긴 파스타는 아닐까요?

좀 더 주의 깊게 읽어 보면, 조반니와 노도가 먹을 것을 두고 신경전을 벌인 이유는 두 사람이 '타글리에르'tagliere, 즉 고기 써는 접시를 나누는 '상대'였기 때문입니다. 그러니까 한 사람씩 먹게끔 딴 접시에 담은 것이 아니라 테이블에 마주 앉은 두 사람이 공통의 접시를 사용하면서 고기든 파스타든 채소든 사이좋게 나누어 먹어야 했던 것입니다. 이렇게 두 사람이 짝을 이루어 먹는 당시의 식사법이 이미 알려져 있습니다.

또한 두 사람은 고기 써는 접시를 공유했지만, 노도가 적극적으로 덤벼들어 펄펄 끓는 마케로니를 덥석 집어 여섯 술이나 꿀꺽꿀꺽 잘도 삼키는 반면에 조반니는 팔팔 끓는 김에 기가 죽어 아직 '포크'forchetta로 한 술도 입에 넣지 못했다고 합니다. 여기서 '포크'가 나온 데 주목해 주십시오. 지금은 서양 요리를 먹을 때 포크를 사용하는 것을 당연하게 여기지만, 중세 이전에는 누구나 음식을 손으로 집어 먹었답니다.

이미 소개한 것처럼 파스타는 나폴리에서 거리 음식으로 팔렸고,

중세의 식사법. 공용 접시와 나이프를 쓴다.
포크는 아직 없었다.

사람들은 그것을 손으로 집어 먹었습니다. 근대로 들어설 때까지 손으로 먹는 일은 나폴리 말고도 수많은 장소에서 실제로 계속되었지요. 그런 가운데 특히 토스카나에서는 일찍이 '포크'가 등장했습니다. 포크는 11세기 비잔틴에서 서방으로 건너왔습니다. 하지만 당시에는 나이프와 함께 고기나 빵을 자르기 위한 접대 도구로 사용했을 뿐, '요리를 입으로 나르

기' 위한 도구로 쓰이는 일은 없었습니다. 이렇게 보면 실제로 파스타는 식기의 발전도 촉진했습니다.

위에 소개한 일화는 14세기에 이탈리아 중부 토스카나 지방에서 파스타가 이미 아주 일반적으로 먹을 수 있는 음식임을 보여 줍니다. 지금은 파스타가 이탈리아의 대명사처럼 되어 버렸지만, 파스타의 발상지라 할 남이탈리아(나폴리, 시칠리아)와는 달리 북이탈리아에서도 파스타를 먹는 것이 당연해진 것은 건조 파스타가 보급된 근대 이후였습니다.

생파스타는 중세 북이탈리아에서 제조되기 시작했고, 무엇보다도 만두 파스타의 전통을 통해 명맥을 잇고 있습니다. 하지만 보통 시민이나 농민의 식탁에서 생파스타가 '주식'으로 등극한 것은 상당히 나

파스타를 손으로 먹는 아이들

중의 일이었습니다. 그때까지 북이탈리아에서는 빵을 비롯해 감자, 옥수수, 그리고 쌀이 주식이었습니다. 그에 비해 중부 이탈리아의 토스카나에서는 훨씬 전부터 생파스타가 일찍 보급되었지요.

그렇다고 해서 당시 토스카나에 생파스타가 누구나 실컷 먹을 수 있을 만큼 충분히 보급된 것은 아닙니다. 프랑코 사케티가 들려준 일화에서도 마케로니를 서로 먹겠다고 다투는 것을 보면, 파스타는 남아돌 만큼 흔한 음식은 아니었던 것 같습니다.

게으름뱅이의 천국

파스타가 귀한 음식이었다는 것은 다른 작품을 통해서도 알 수 있습니다. 이탈리아 문학에서는 파스타가 상상 속 낙원 '쿠카냐'il paese di Cuccagna의 꿈의 음식으로 나오거든요. 쿠카냐(코케뉴)는 중세 말 사람들의 소망이 반영되어 널리 퍼진 이상향 '게으름뱅이의 천국'을 가리킵니다. 사람들은 그 나라가 지구상 어딘가 먼 오지에 오롯이 있을 것이라고 믿었는데, 그곳에서는 '이상적인 생활'이 펼쳐집니다.

피터르 브뤼헐*이 그린 「게으름뱅이의 천국」Het Luilekkerland(1567)

◆　　Pieter Bruegel de Oude, 1525?~1569. 네덜란드 출신으로 16세기를 대표하는 플랑드르 화가. 처음
에는 민간 전설이나 속담을 주제로 그림을 그렸지만, 나중에는 종교적 제재를 통해 네덜란드에 대한 스페인
의 억압을 극적으로 표현했다. 특히 애정과 유머를 담아 농민 생활을 사실적으로 표현해 '농민의 브뤼헐'이
라 불렸다.

일 년 내내 툭하면 축제인 데다 노동은 금지되었고, 먹을 것이나 음료는 넘쳐 납니다. 어슬렁거리며 야외를 걷다 보면 불고기나 오리 로스트, 강처럼 흐르는 포도주가 자연스레 눈앞에 나타나고, 입을 벌리기만 하면 맛있는 음식이 전부 입속으로 쏙 날아 들어온다고 합니다. 아니, 고기나 생선, 사냥한 새와 짐승, 케이크 '속에 사는' 일마저 가능합니다. 이상향의 기후는 일 년 내내 따뜻해서 쾌적한 생활이 가능하고, 모든 것은 공동 소유이기 때문에 다툼도 적대감도 없습니다. 젊음을 되돌려 주는 샘이 있고 남녀는 자유롭게 성생활을 즐기며 아름다운 옷을 마음대로 골라잡을 수 있고, 잠을 자는 동안 돈이 쌓입니다……

'쿠카냐'가 실제로 존재한다고 믿는 사람은 거의 없었지만, 그럼에도 유럽에서는 몇 세기 동안 이 이야기가 떠돌았습니다. 매일매일 신물이 나도록 고생과 걱정을 맛보는 민중이기에 사라진 꿈같은 세계를 동경하지 않을 수 없었겠지요.

『데카메론』의 파스타 천국

재미있는 것은 나라나 지역에 따라 '쿠카냐'의 모습이 다르다는 점입니다. 이탈리아의 전형적인 이상향은 조반니 보카치오Giovanni Boccaccio가 쓴 『데카메론』Decameron(8일째 세 번째 이야기)에 등장하는

데, 이탈리아의 냄새가 물씬 납니다.

그곳은 프랑스와 스페인 국경에 걸친 바스크 지방에 있다고 합니다. 근처 일대에는 윤이 나는 최상급 포도주가 강이 되어 흐르고, 포도나무에는 소시지가 주렁주렁 매달려 있으며, 산 하나가 강판에 간 파르미자노 레자노 치즈로 이루어져 있다고 합니다. 산 정상에 있는 사람들은 마케로니(뇨키 같은 것)와 라비올리를 만들어 거세한 수탉 수프에 넣어 삶아 내기만 하면 됩니다. 이렇게 만든 파스타를 산 아래쪽으로 흘려 보내면 산기슭에 있는 사람 누구나 배불리 먹을 수 있습니다. 포도주와 더불어 파스타는 모두가 동경하는 음식이었다는 점에서 참으로 이탈리아다운 발상이지요.

한편, 귀족이나 부유한 시민 가운데 파스타를 주요리로 먹을 정도로 파스타광도 있었습니다. 15세기 초 조반니 세르캄비Giovanni Sercambi가 펴낸 설화집 『노벨레』Il novelliere 58화에는 부유한 상인 피에로 소브란초가 시집간 세 딸에게 적잖은 지참금을 주는 대신, 한 달씩 순서대로 함께 밥을 먹자고 부탁했다는 이야기가 나옵니다. 딸네 집을 돌아다니며 식사를 하는데, 막내딸이 아버지한테 "남편이 허구한 날 파스타만 먹으니 참을 수가 없대요." 하고 불평을 쏟아 냅니다. 또한 134화에는 제노바의 부자 기라르디노 스피노라의 이야기가 나오는데, 여기에는 파스타를 너무 좋아하는 남편한테 매일 수면제를 탄 파스타를 먹이고 남편이 잠든 사이에 바람을 피우는 아내가 나옵니다.

이처럼 중세부터 근세까지 이탈리아 사람에게 있어 '낙원'이란 무엇보다 파스타를 배 터지게 먹을 수 있다는 조건을 갖춰야 했던 모양입니다. 파스타가 민중의 '주식'이 되었다고는 하나, 매일같이 실컷 먹을 수 있는 것은 아니었습니다. 왜냐하면 주재료인 밀가루가 원체 귀했거든요. 더구나 파스타는 손이 많이 가는 요리입니다. 가난에 헐떡거리며 쉴 틈도 없이 일해야 하는 민중의 입장에서는 아내의 노동력을 요리에만 쓸 수 없었을 것입니다. 그래서 기본적인 음식은 변함없이 빵과 미네스트라, 채소와 소금에 절인 약간의 고기였던 것입니다. 명절이나 축제 같은 기회라도 찾아오지 않으면, 파스타 맛을 보기란 가뭄에 콩 나기였습니다.

첫 발상지인 시칠리아에서조차 파스타는 값비싼 사치품이었습니다. 16세기 중반 시칠리아에서는 마케로니나 라자냐가 빵보다 세 배나 비쌌다고 합니다. 17세기 말이 되어서도 농민이나 일반 시민이 파스타를 식탁에 올리는 일은 행복감 넘치는 경사였습니다.

엘리트의 공헌

앞에서 중세 이탈리아의 대표적인 민중 요리인 미네스트라가 어떻게 파스타의 바탕이 되었는지 설명했습니다. 또한 파스타가 서민 요리로 발돋움하려는 징조를 보였음에도 원료인 밀이 비싸서 오랫동안 꿈에서나 먹는 요리였다는 사실도 살펴보았지요.

그러면 여기서 엘리트 계층은 파스타에 어떤 영향을 미쳤는지 한 번 생각해 볼까요? 원래 신분 사회인 중세에는 계급에 따라 먹는 음식도 달라졌습니다. 농민은 잡곡, 콩류, 채소, 치즈 같은 유제품을 주식으로 먹은 데 비해, 귀족은 '비천한' 음식은 입에 대지 않았습니다. 무엇보다도 육류(와 흰 빵)를 배불리 먹는 지위를 누렸지요. 그러나 아직 '요리 기술'이 세련되거나 요리가 그다지 다양하지는 않았습니다.

그런데 중세 말부터 르네상스 시대에 걸쳐 교황이나 왕후의 궁정에서는 요리사가 두드러지게 활약하기 시작하면서 갖가지 요리법이 나왔습니다. 또한 농민의 주식을 아예 거부하는 것이 아니라, 똑같은 재료를 쓰더라도 고급 요리로 탈바꿈하는 기술을 개발했습니다. 이런 현상은 르네상스에서 바로크 시대에 걸쳐 왕성하게 일어났습니다.

궁정과 르네상스

이 대목에서 이른바 르네상스 시대의 역사에 대해 간단하게 언급해 두지요.(바로크 시대의 역사는 3장 뒷부분을 참조하기 바랍니다.) 중세 말기로 가면, 수많은 소규모 도시국가들로 나뉘어 있던 이탈리아 반도가 15~16세기에 도시국가들의 집합으로 규모가 커지면서 오늘날의 '지방'regione에 해당하는 크기의 영역 국가로 바뀌어 갔고, 코무네가 시뇨리아signoria(군주제)에 자리를 내주는 식으로 정치 체제도 변화했습니다.

군주들이 황제나 교황으로부터 봉건적 칭호를 하사받으면 정식으로 '군주국'이 됩니다. 밀라노의 비스콘티Visconti 가문, 만토바의 곤차가Gonzaga 가문, 페라라의 에스테Este 가문, 피렌체의 메디치Medici 가문 등이 군주가 되었지요. 그들 군주국의 중심 도시에는 으리으리한 궁정이 들어서고 그곳에 신하들이 모여 있었습니다. 교황의 궁정도 역할은 같았지요. 궁정은 당시 정치와 문화의 중심이었고, 이곳으로 예술가나 학자를 불러들였습니다.

이러한 군주들은 '후견인'이 되어 학자나 예술가를 보호했습니다. 그 결과, 세계와 역사의 중심에 인간을 두는 학문, 그리고 언어 문헌학과 시민 도덕을 융합하는 운동인 인문주의가 꽃을 피웠습니다. 예술 분야에서도 신이 아닌 인간 중심의 예술이 흥성했지요. 이런 흐름에는 고전 시대의 문헌 및 문화의 재발견, 과학과 기술의 일대 진보도 한몫했습니다.

이탈리아에서는 다른 나라를 앞질러 15세기에 중세적인 윤리나 봉건적인 정치와 사회 체제로부터 비약한 르네상스라는 문화 현상이 일어났습니다. 이는 분명히 풍요롭고 우아한 시대라고 할 수 있지요. 그러나 이러한 문화의 혜택이 모든 사람에게 돌아가지 않았다는 것을 잊어서는 안 됩니다. 인구의 대부분은 자유를 제한당하고 그저 입에 풀칠하는 데 급급한 현실 때문에 신음하고 있었으니까요.

어디에서나 비슷한 요리

우아하고 고답적인 궁정 문화를 담당한 엘리트들은 그들 나름대로 이탈리아의 음식 문화를 형성하는 데 공헌했습니다. 다른 분야의 문화는 점점 진화해 가더라도 보수적인 음식 문화는 의외로 제자리걸음인 측면이 있습니다. 르네상스 시대에 접어든 이탈리아에서도 중세적인 음식 전통은 크게 보아 연속성을 띠고 있었습니다. 이탈리아뿐 아니라 유럽의 식탁을 보더라도 아직까지 나라별로 요리에 차이는 없었습니다. 기후나 풍토에 따라 재료만 차이가 날 뿐 어느 나라에서나 비슷한 요리가 눈에 띄었지요. 중세적인 규범으로 자리 잡은 '요리의 국제주의'는 여간해서 퇴색하지 않았던 것입니다.

얼마쯤 돈만 내면 온 세계 산해진미를 다 맛볼 수 있는 세상, 옛날 사람이 보기에는 마치 꿈의 세계에 사는 우리로서는 상상하기 어려운 일이겠지만, 아주 최근까지 요리는 자연적이고 사회적인 제한 속에서 만들어졌습니다.

이탈리아에만 국한되지 않는, 그래서 국제적이라고 할 만한 요리의 보수성은 중세 기독교의 금욕적인 가르침이나 종교 의식 때 지켜야 하는 육식 금지 같은 여러 제한 때문에 한층 더 굳어졌습니다. 또한 중세 사회는 신분이나 계급에 따라 질서가 정해지다 보니, 귀족이나 고위 성직자 등이 국경을 벗어나 국제적으로 인맥을 넓히거나 혼인 등으로 친척 관계를 확대한 것도 요리의 보수성을 강화했습니다.

물론 지역에 따라 다양한 변주가 없었던 것도 아니지만 그것은 부차적인 현상이었지요. 오랫동안 '프랑스 요리', '독일 요리' 같은 나라별 요리가 정착하는 일은 없었습니다.

그런데도 엘리트의 문화적 힘을 증언한다고 할 요리책을 면밀하게 음미해 보면, 이탈리아에서 나온 조리법에는 시대가 지날수록 '이탈리아풍'이라는 특징이 뚜렷해집니다. 이는 다음에 소개할 요리사들이 '파스타'를 궁정 메뉴에 포함시킨 것만 봐도 알 수 있습니다.

마르티노, 스카피, 라티니의 요리법

이탈리아 음식이 자율성을 획득하는 데 중요한 이정표를 마련한 것은 앞에서도 몇 번이나 등장한 코모의 요리사 마르티노의 요리책 『요리의 기술』입니다. 그는 15세기 중반에 아퀼레이아의 총대사교이자 트레비소의 추기경이었던 루도비코Ludovico Trevisan를 섬긴 로마의 요리사였습니다. 후대의 저명한 요리사들이 스승으로 떠받든 선구자라는 점에서 최근에 갑자기 각광을 받게 된 인물이기도 합니다.

그는 여러 가지 혁신을 꾀한 바 있는데, 이 요리책의 구성 자체도 혁신적입니다. '고기', '브로도·미네스트라와 파스타', '소스와 조미료', '토르타', '달걀과 오믈렛', '생선'이라는 식으로 재료나 요리법마다 장章을 나누고 있습니다. 몇 인분 요리인지, 재료 분량은 어느 정도인지, 요리하는 데 시간은 얼마나 걸리는지 하는 사항도 명시해 놓았지요. 오늘날의 눈으로 보면 이런 구성과 기술 방식이 지극히 당연하다고 생각할지도 모르겠지만, 당시로서는 획기적인 일이었습니다. 어떤 재료에는 어떤 조리법이 좋은지(조림인지 구이인지 튀김인지)에 관해 이유를 들어 분류해 놓았을 만큼, 의식적으로 식재료와 조리법의 조합에 신경을 썼습니다. 1장에서 말했듯 파스타 요리법에서는 '베르미첼리', '시칠리아의 마케로니', '로마의 마케로니'라는 세 종류를 거론하고 있습니다.

16세기가 되어서도 특별히 이탈리아는 요리책 종수로 보나 요리법의 세련됨으로 보나 다른 나라를 압도하고도 남습니다. 이 시대에 요리책을 쓴 사람은 이탈리아 도시국가의 군주나 교황, 추기경을 모시는 스칼코Scalco*와 요리사들입니다.

교황 비오 5세의 요리사였던 바르톨로메오 스카피가 1570년에 간행한 방대한 요리책 『오페라』Opera dell'arte del cucinare에는 현저하게 혁신적인 자취가 드러납니다. 스카피는 최초로 파스타 요리법을 본격적으로 수집한 사람입니다. 특히 반죽을 사용한 요리 항목에 230개나 되는 요리법을 담고 있고, 오븐에서 굽는 타르트, 파이, 도넛, 케이크 종류와 파스타(토르텔리니, 탈리아텔레, 라비올리 등)를 거론합니다. 나

◆　　식탁에서 고기를 썰어 주는 사람이라는 뜻으로, 연회를 진두지휘하는 사람이나 집사장을 가리킨다. 연회가 정치적으로 중요해지면서 새롭게 등장한 궁중 관리로, 연회의 예법을 정하고 전반적인 연출과 음식 선정 및 준비, 여흥거리까지 총괄적으로 관리하고 감독한다.

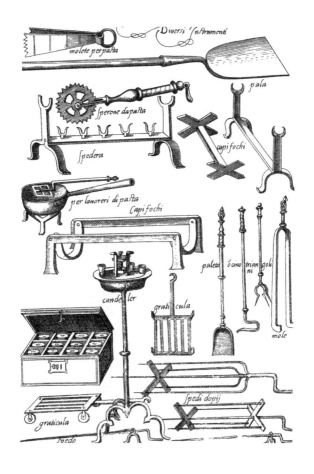

스카피의 요리책『오페라』에 그려진 파스타용 조리 도구

아가 스카피는 파스타를 만드는 데 필요한 온갖 도구의 일러스트를 싣고 있습니다.

토마토소스 탄생에 공로한 것으로 이름을 날린 나폴리의 안토니오 라티니도 17세기 말에 저술한 『현대풍 스칼코』*Lo scalco alla moderna*(1권 1692, 2권 1694)에서 이전의 요리책을 총괄하고 망라해 놓았는데, 고기가 들어가지 않는 요리만 모아 둔 2권에는 파스타를 종합적으로 다룬 장이 있습니다.

고귀한 만두 파스타

앞 장에서 소개한 '만두 파스타'도 궁정 요리로 진화해 갑니다. 만두 파스타는 디자인도 중요하기 때문에 16~17세기에 걸쳐 궁정 요리사들은 지혜를 짜내어 궁리를 거듭했습니다. 예를 들어 스카피 외에도 16세기에 에스테 가문의 궁정 요리사이자 스칼코로서 이름을 떨쳤던 메시스부고가 만두 파스타를 통해 환상의 극치를 실현하고자 고심했고, 그 후에도 18세기 초 토스카나의 가우덴치오Gaudenzio를 비롯해 많은 요리사가 공을 들여 토르텔리니 요리법을 기술했습니다.

만두 파스타는 품도 많이 들고 비싼 재료를 쓰기 때문에 전통적으로 잔치 음식이었습니다. 그래서 지금도 보통 파스타는 일상적인 음식, 만두 파스타는 축제나 기념일 같은 특별한 날에 먹는 음식, 이런 식의 '역할 분담'이 여러 지역에 남아 있습니다. 이렇게 만두 파스타는 군주나 제후의 궁정과 관련이 깊은 고귀한 요리였습니다.

12~13세기부터는 각 지방마다 야채나 육류, 치즈 등 갖가지 변주를 고안해 라비올리, 토르텔리, 토르텔리니를 만들었습니다. 볼로냐의 토르텔리니, 레조넬에밀리아의 카펠레티cappelletti, 리구리아의 판소티pansotti, 피에몬테의 아놀로티agnolotti, 만토바의 아놀로니agnoloni와 토르텔리, 베르가모의 카손세이casonsei, 크레모나의 마루비니marubini 등은 각각 오랜 전통을 자랑하지요. 라비올리와 토르텔리는 15세기에 이탈리아 요리책에 실리면서 고급 요리로 퍼져 나갔고, 16세기부터는 메시스부고와 스카피가 활약한 덕에 귀족이나 부르주아 사이에서 더욱 인기를 얻었습니다.

곁들이와 코스 요리

엘리트 계층이 파스타를 어떻게 취급했는지 들여다볼까요? 사케티나 보카치오의 소설에서 분명하게 드러나듯, 민중 사이에서 파스타는 단연 최고의 '꿈의 음식'입니다. 볼이 미어지도록 집어 먹는 모습을 떠올리게 하지요. 하지만 궁정 요리사의 요리법에 나오는 귀족들의 식습관을 들여다보면, 파스타는 주요리에 '곁들이는' 요리였음을 알 수 있습니다.

우선 13세기 말~14세기 초 나폴리의 『요리책』에는 '제노바풍 파스타'에 대해 닭고기, 달걀, 아니면 어떤 고기든 좋으니 고기와 같이 내라는 제안이 나옵니다. 또한 스카피는 라자냐를 얹은 삶은 닭고기나 로마풍 마케로니를 얹은 삶은 오리고기, 나폴리풍 마케로니를 얹은 삶은 토종 수탉 고기, 롬바르디아풍으로 속을 채워 삶은 큰 거위 고기에 아놀리니anolini(파르마와 피아첸차 지방의 둥근 라비올리—옮긴이)를 얹은 것 등 파스타를 곁들인 요리들을 언급하고 있습니다.

또 하나 주목할 점이 있습니다. 민중은 일품요리로 끼니를 때운 데 반해, 귀족은 코스 메뉴 중 하나로 파스타 요리를 먹는 것이 이 시대의 새로운 조류였습니다. 현재 이탈리아 요리의 코스인 안티파스토antipasto(전채 요리), 프리모 피아토primo piatto(첫 번째 요리), 세콘도 피아토secondo piatto(두 번째 요리), 돌체dolce(후식)는 19세기 중반 이후에 정식으로 자리 잡았습니다. 하지만 르네상스 시대부터 바로크 시대까지는 연회에 궁정 요리사와 스칼코가 넘쳐날 정도로 호화로운 코스 요리를 기획해 차려 냈습니다.

당시 코스 요리는 한 사람씩 정해진 요리를 순서대로 내는 오늘날과는 달리, 모든 사람을 위해 한꺼번에 많은 요리를 식탁에 늘어놓는 방식이었습니다. 다종다양한 요리 접시가 '식품 보존실 요리'(전채, 샐러드, 후식 등 차가운 요리)와 '조리실 요리'(고기나 생선의 구이, 조림, 튀김)로 나뉘어 차례차례 실려 나왔는데, 그것도 몇 차례나 계속해서 제공되었던 것입니다. 연회에 모인 사람들은 식탁 위에 빼곡히 차려진 많은 요리를 먹고 싶은 대로 맛볼 수 있었습니다.

식탁 위의 예술

르네상스 시대부터 바로크 시대에 이르는 15~17세기 무렵, 화려한 궁정에서 열리는 행사는 군주들의 호사스러운 연출 덕분에 참석자들이 깜짝 놀라곤 했습니다. 눈앞에 떡하니 장관을 펼쳐 놓고는 군주의 재산과 배포가 이 정도라는 식으로 내보이는 것입니다. 한마디로 군주는 정치뿐 아니라 문화적으로도 주도권을 독차지하고 있다는 것을 우격다짐으로 주위에 알리고 싶었던 것입니다.

취임식, 결혼식, 기마 창 시합, 지체 높은 사람의 환영식 등에서는 어김없이 웅장한 연출이 이루어졌는데, 그중의 꽃은 단연 연회였습니다. 영롱한 피리 소리나 낭랑한 노랫소리가 들려오는 방에는 공단이나 브로케이드(다채로운 무늬를 넣어 짠 직물—옮긴이)로 감싼 귀한 가구가 놓여 있고, 벽에는 호화롭게 여러 색깔로 직조한 벽걸이와 이채로운 소용돌이무늬로 장식한 가죽 제품이 걸려 있습니다. 식탁 위에는 대형 촛대나 금은 식기와 크리스털 그릇이 올라오고, 고대 신화에 등장하는 인물을 설탕으로 만들어 놓았으며, 찬장 선반에는 엄청난 은제 식기가 쌓여 있습니다. 이렇게 온갖 것이 휘황찬란하게 빛나고 있었지요.

귀족들의 호화로운 잔치(위)와 16세기 궁정의 호화스러운 연회(아래)
나팔수와 함께 요리 접시가 차례차례 나온다

당시의 연회는 이러저러한 예술이 결집하는 '무대'였고, 선택받은 사람만 참가할 수 있었습니다. '스칼코'가 모든 것을 책임지고 마련했으며 마술 같은 의례를 집행했습니다. 당연히 준비해야 할 음식량도 예사롭지 않았습니다. 거대한 고깃덩어리는 솜씨 좋게 썰어서 원래 모양대로 접시에 담아냈습니다. 스칼코는 요리법을 생각하는 동시에 전체적인 연출도 고안해 냈습니다.

굶주림과 역병

그러나 체면을 세우려는 화려한 무대 뒤편에서는 시민과 농민이 권력을 남용하는 군주나 피땀을 짜내려고 하는 기생 지주의 먹잇감이 되어 가난과 고통에 신음했습니다.

이미 몇 번이나 말했지만, 남이탈리아에서는 12~13세기부터, 토스카나 등지에서는 15세기 무렵부터 파스타가 그다지 진귀한 음식이 아니었습니다. 그러나 이탈리아 전체를 놓고 본다면 밀로 만든 파스타는 서민에게 거의 '사치품'이었고, 정말 후대에 들어와서야 일상적으로 식탁에 올랐습니다.

중세 이전은 말할 것도 없고, 16세기 후반부터 약 2세기 동안 이탈리아의 서민을 비롯한 대다수 사람들은 굶주림으로 고통 받았습니다. 음식 재료가 부족한 데는 여러 가지 이유가 있었지요. 마을과 거

리의 안전을 확보하지 못해 강도가 출몰한 것도 식량 보급을 방해했고, 전쟁이나 내란도 양식 보급선을 차단해 식량 위기를 초래했습니다. 소작 계약은 언제나 지주에게만 유리했고, 소작농은 먹고 입을 것이 부족하기 일쑤였지요. 굶주림은 정치적 혼란이나 소요를 일으키는 원인일 뿐 아니라 역병이 창궐하는 조건이기도 했습니다.

1590~1593년에 북이탈리아에서 발생한 흉작으로 정치 및 사회는 혼란에 빠졌고 도적 떼가 횡행했습니다. 1630~1632년에 반도를 휩쓸고 지나간 처참한 역병은 특히 북이탈리아에 심각한 피해를 안겨주었지요. 말해 보자면, 밀라노는 50퍼센트, 만토바는 77퍼센트, 크레모나는 63퍼센트의 인구를 잃었던 것입니다. 또한 1656~1657년에도 또다시 역병이 만연해 남이탈리아마저 덮치는 바람에 나폴리는 인구 대다수를 잃어야만 했습니다.

생산량이 높은 옥수수를 도입하면서부터 굶주림을 극복할 가능성이 보였습니다. 옥수수는 대항해 시대에 등장했으면서도 오랫동안 못 먹을 것으로 취급받았지만, 17~18세기에 유례를 찾아볼 수 없이 가혹한 식량 위기가 닥치면서 농민들은 그제야 자기들 밭에서 옥수수를 재배하기 시작했습니다. 이를 계기로 옥수수는 점차 식량으로 확산되어 갔습니다. 처음에는 개인적인 소비를 충당하는 정도였지만, 금방 다른 곡물을 뒤쫓아 18세기 말에는 상당한 보급률을 자랑하기에 이르렀습니다.

스페인이 지배하던 16~17세기 이탈리아는 아무리 찬란하게 보인다한들, 기껏해야 외국에 예속된 나라였습니다. 경제는 위기를 맞이했고 사회는 침체했으며 대서양을 날아오르는 다른 유럽 국가들보다 크게 뒤처진 고난의 시대였지요. 당시 이탈리아는 문학도 사상도 별로 두드러진 것이 없이 다만 왕과 귀족을 위한 건축과 미술만이 빛을 발했다고 보는 것이 통설입니다.

그러나 역사가에 따라서는 1550~1650년의 이탈리아를 시들어가는 약골 국가였다고 보지 않고, 오히려 그 시기가 유럽 여러 나라에 문화의 정수를 전해 준 위대한 100년이었다고 보기도 합니다. 그들은 이렇게 말하지요.

"이 시대 이탈리아에서는 위대한 건축과 회화가 꽃피었어. 숙련된 장인이 빚어 낸 금속 가공품에도 훌륭한 것이 있지. 또한 이탈리아의 인문주의적인 문화, 음악, 나아가 멜로드라마를 포함한 '문화 시스템'은 유럽 다른 나라들, 특히 프랑스에 전해졌고, 거기에서 독자적인 소화 과정을 거쳐 새롭게 발전해 갔어. 후기 르네상스에서 바로크에 이르는 시대야말로 문화의 빛이 사방팔방으로 퍼져 나간 이탈리아의 황금시대였다고……."

또한 당시 이탈리아에는 이단이나 마녀 혐의를 받고 고문을 당하거나 화형에 처해진 사람 수가 다른 북방 나라에 비해 훨씬 적었습니다. 이 사실을 근거로 당시 이탈리아가 지극히 '자유로운' 나라였다고 말하는 사람도 있습니다.

이렇게 이 시대 이탈리아 역사에 대한 평가는 사람에 따라 크게 다릅니다. 그러나 음식 문화의 관점에서 바라본다면, 이 시대야말로 파스타를 비롯한 농민과 민중의 요리가 귀족의 노력에 힘입어 더욱 세련된 부르주아 요리로 거듭날 준비와 시행착오를 거치던 시기였음은 분명합니다.

다만 '이탈리아 요리'를 온 국민이 일상적인 식사로 먹게 된 것은 이탈리아가 외국의 쇠사슬에서 독립해 민족 국가를 성립했을 때, 그러니까 19세기 후반, 아니, 본격적으로는 20세기 후반까지 기다리지 않으면 안 되었습니다. 이 이야기는 다음 장으로 넘기기로 하지요.

4장

지방의 명물 파스타와 국가 형성

특별 요리 파스타

파스타의 역사를 보면, 음식의 획일화나 기계화가 아직 진행되지 않은 전근대 사회에서는 간단한 기구만 사용해 손으로 직접 파스타를 만들었고, 곁들이는 음식이나 소스도 각각 지역이나 도시, 마을, 계급이나 가정마다 독자적으로 궁리해 내는 모습이 인상적입니다. 이렇게 해서 풍토에 맞게 각 지방에서 나는 재료를 활용한 신토불이 요리가 생겨난 것입니다. 실로 수많은 종류의 파스타가 지역의 고유한 음식으로 오랫동안 전해져 내려왔습니다. 어떤 때는 똑같은 파스타라도 지방에 따라 '이름'이 전혀 다른 경우도 있지요.

또한 파스타라는 요리는 본래부터 일상식이 아니라 민중 대다수에게 귀중하고 특별한 요리였습니다. 그런 역사가 있기 때문에 파스타는 각 지역이나 마을의 '제례', '행사'와 연관되었던 것입니다. 이탈리아 농촌에서는 수확이나 씨 부리기 등 농사 절기에 파스타를 먹었고, 그 밖에도 크리스마스, 사육제(카니발), 부활절, 만성절(모든 성인의 날 대축일) 등 기독교 절기를 수놓는 다양한 축제일이나 결혼식, 장례식 같은 중요한 가족 행사 때 특별 요리로 파스타를 먹었습니다. 고기

149

를 넣나 넣지 않나, 긴 파스타인가 짧은 파스타인가 만두 파스타인가, 구멍이 뚫려 있나 뚫려 있지 않나 등등의 차이는 축제나 행사마다 의미에 따라 정해졌습니다. 한 가지 흥미로운 사실은 남이탈리아의 축제 때에는 짧은 파스타나 폭이 넓은 파스타를 먹었던 데 비해 북이탈리아의 종교 기념행사나 중요한 연회에서는 만두 파스타가 주역을 맡았다는 것입니다.

파스타의 모양과 이름

파스타의 모양은 무수하게 많고 지역에 따라 특색이 있지요. 또한 어우러지는 소스와 파스타 모양 사이에는 떼려야 뗄 수 없는 궁합이 존재한다는 것쯤, 웬만큼 파스타를 좋아하는 사람에게는 매우 당연한 일이겠지요. 물론 요즘에는 공업 디자인으로 다양하게 만들어진 건조 파스타가 숱하게 팔리고 있습니다만.

덧붙여 파스타의 이름도 이야기해 두겠습니다. 어원이 밝혀지지 않은 것도 많지요. 겉으로 보기에는 똑같은 파스타가 각 지방에서 다른 이름으로 불리는데, 이름에 대한 애착도 놀랄 만큼 강하답니다. 예를 들어 피치pici(토스카나), 움브리첼리umbricelli(움브리아), 스트로차프레티strozzapreti(로마냐), 비골리bigoli(베네토, 롬바르디아) 등은 굵은 파스타로 모양이 거의 비슷하지만, 각 지방에서 다른 이름은 절대로 통용되지 않습니다. 나폴리 사람은 스파게티를 베르미첼리라고 부릅니다. 리구리아에서는 탈리아텔레를 피카제picagge라고 부르는데, 다른 곳에서는 페투치네fettuccine, 스트라차무스straciamus, 라자네테 lasagnette, 로잔게losanghe 등으로 불립니다.

똑같은 파스타인데도 이름이 다르면 다른 요리를 먹는 것 같은 기분이 드는 것은 무슨 조화일까요? 그래서 어떤 '이름'을 가진 파스타를 먹는가에 따라 기분이 달라지는 것입니다. 또한 똑같은 파스타라 해도 이름은 지역 주민의 생활이나 기억과 깊이 관련이 있는 까닭에 억지로 바꿀 수도 없습니다.

남북 요리의 특색

이탈리아는 지역주의 국가입니다. 실로 지역마다 역사, 풍토, 기후, 식생이 다릅니다. 이런 차이가 바로 파스타의 차이를 낳았다는 것은 두말할 나위가 없겠지요. 남북으로 긴 장화같이 생긴 반도는 주위가 바다에 둘러싸여 있고, 북으로는 알프스가 있으며 아펜니노 산맥이 반도를 길게 가로지르고 있습니다. 전체적으로 토지 형세에 굴곡이 심하기 때문에 풍경과 기후가 실로 변화무쌍합니다. 기후와 풍토, 지형이 크게 다른 이탈리아 반도 각지에서는 그곳에서 수확하는 어패류나 고기, 수렵 짐승, 채소와 곡물, 치즈, 버섯이나 나무 열매, 과일 등이 주민들의 식탁에 올라왔습니다.

이러한 자연 조건과 함께 이제까지 살펴본 역사적 차이가 요리 변화에 작용했는데, 특히 외국의 영향이 중요합니다. 남이탈리아는 이슬람이나 스페인의 영향을 크게 받았고, 북방의 트렌티노알토아디제 지방에서는 독일, 오스트리아, 슬라브족의 영향이 농후하게 나타납니다. 롬바르디아 지방에서는 스위스, 오스트리아, 프랑스, 스페인 또는 베네치아 등의 영향이 지극히 강했고, 피에몬테 요리에는 프랑스 요리의 세련미가 끼어들었습니다.

17세기에는 이미 지역적 차이를 강조한 안내서가 등장합니다. 그런 안내서는 오늘날 관광 안내서에 이르기까지 연면하게 전통을 잇고 있지요.

캄파닐리스모의 대표 선수

바다의 진미, 산의 진미, 들의 진미가 지방마다 다르기 때문에 특산 재료를 사용한 독특한 파스타가 각지에 있는 것은 당연합니다. 캄파닐리스모campanilismo(향토애, 지역 연고주의)의 대표 선수인 파스타는 모양, 소스, 이름마다 고집이 있고, 지방과 도시, 마을과 역사적·지리적으로 연관을 맺고 있습니다. 파스타에 대한 자부심이나 자랑이 지나쳐 때로는 다른 지방의 파스타를 깎아내리기도 합니다. 뇨키를 먹는 북쪽 사람들은 별 볼일 없다거나 남쪽 놈들에게서는 토마토 냄새가 난다는 등 험담을 늘어놓곤 하지요.

이탈리아에서 파스타 유파를 가르는 중심은 지방의 대도시입니다. 구체적으로는 제노바, 볼로냐, 나폴리, 팔레르모가 옛날부터 파스타 유파의 중심지로 알려져 있지요. 이들 유파의 차이는 밀, 물, 기후 때문에 생겨났고, 그것이 조리 기법, 파스타의 모양, 향신료, 소스, 음식을 차려 내는 법에 있어서까지 차이를 낳았습니다.

지방의 중심 도시를 대표하는 파스타는 전국적으로 유명세를 타게 됩니다. 하지만 현지에 가 보면 이웃의 작은 읍내나 마을마다 각각 파스타의 변주가 풍부하게 이루어지고 있다는 사실에 눈이 휘둥그레집니다. 지역 안의 사소한 차이라 할지라도 그곳에 사는 주민에게는 아주 중요하기 때문에 양보는 있을 수 없지요.

트렌티노알토아디제 주

롬바르디아 주

발레다오스타 주

아오스타

프리울리베네치아줄리아 주

트렌토

밀라노

트리에스테

베네치아

토리노

베네토 주

피에몬테 주

볼로냐

에밀리아로마냐 주

제노바

피렌체

안코나

마르케 주

리구리아 주

페루자

아브루치 주

토스카나 주

캄포바소

움브리아 주

로마

라퀼라

몰리세 주

리치오 주

나폴리

바리

풀리아 주

포텐차

캄파니아 주

샤르데냐 주

카탄차로

바실리카타 주

칼리아리

팔레르모

칼라브리아 주

시칠리아 주

각 주의 명물 파스타

● 남부 지방·섬 지방

- 칼라브리아 주

남이탈리아에서는 보기 드물게 수제 생파스타를 매우 중시해서 다양한 생파스타를 자랑한다. 소스에는 칼라브리아산 매운 고추 또는 매운 고추를 넣어 만든 소시지인 '은두야'nduya를 뿌리는 것이 특징이다. 승천제에는 생파스타 페투치네를 우유로 조리한 '라가네 콘 일 라테'lagane con il latte를 먹는 풍습이 있다.

- 풀리아 주

귓바퀴 모양의 '오레키에테'orecchiette가 유명하다. 오레키에테는 여러 종류인데, 예를 들어 '파초케'paciocche나 '포차케'pociacche라고 부르는 커다란 것이나 포자노(멜피)의 '키안카렐레'chiancarelle나 바리의 '피콜레 키안차렐레'piccole chianciarelle 같이 작은 것, 또는 한가운데가 쏙 들어간 '페스타주엘레'pestazuelle라는 것도 있다.

- 바실리카타 주

이 지방의 파스타는 달걀을 넣는 경우가 거의 없고 밀가루와 물만으로 만든다. 칼라브리아와 마찬가지로 고추를 많이 사용한다. 병아

리콩, 보리, 세몰라(경질 밀가루), 누에콩 같은 콩류나 곡물 가루로 만든 '파스타 아 미스킬리오'pasta a mischiglio라는 독특한 파스타가 있다.

- 캄파니아 주(나폴리)

나폴리에서는 스파게티(다만 이 지역에서는 '베르미첼리' 또는 '마케로니'라고 부른다.)에 하얀 치즈만 뿌려서 단순하게 먹는 것이 일반적이었다. '지티'ziti도 유명하다. 이것은 직경 5~6밀리미터 되는 구멍이 매끈하게 뚫린 긴 파스타인데, 잘라서 마카로니처럼 만든 것도 있다. 이렇게 구멍이 뚫린 파스타는 반드시 라구(미트 소스)와 어우러지도록 정해져 있었다.

- 시칠리아 주

각 마을이 고유한 전통을 지키고 있어서 거리가 가깝더라도 서로 상당히 다른 파스타의 '전형'을 보인다. 예를 들어 아그리젠토에는 '마카루네디 콘 살사 로사 에 멜란자네'maccaruneddi con salsa rossa e Melanzane라는 것이 있는데, 토마토퓌레에 건더기로 가지를 넣은 마카로니 요리이다. 라구사를 대표하는 '리가톤치니 콘 마쿠 디 파베'rigatoncini con maccu di fave는 걸쭉하면서 부드러운 누에콩 크림을 사용하는 것이 특징이다. 시라쿠사에서는 삶아 낸 카펠리니capellini(가는 머리카락이라는 뜻의 길고 가느다란 파스타─옮긴이)에 달걀과 빵가루를 묻혀서 튀긴 다음 거기에 꿀과 오렌지 즙을 덮혀 만든 소스를 뿌린 '파스타 프리타 알라 시라쿠사나'pasta fritta alla siracusana가 유명하다. 팔레르모는 정어리 파스타, 메시나는 황새

치를 깍둑썰기해서 넣은 파스타가 대표적이다.

- 사르데냐 주

고대부터 만들어 온 전통 파스타 '말로레두스' malloreddus
가 있다. 밀가루로 만든 뇨키 같은 것인데, 사프란을 섞어 노란색을 내고 체
또는 가장자리가 톱니 모양인 판 위에서 돌려 가며 눌러서 줄무늬를 만든다.
자잘한 알갱이 같은 파스타인 '사 프레굴라'sa fregula는 수프 파스타로 만들
거나 스튜에 곁들인다. '필린데우'filindeu는 아주 가느다랗고 긴 면을 섬세한
레이스를 짜듯이 가로세로로 엮은 것이다.

● 중부 지방

- 라치오 주

파스타의 변형이 매우 활발해 '부카티니'bucatini(빨대같이 중
앙에 구멍이 뚫린 긴 파스타—옮긴이)만 해도 길이와 두께에 따라 종류가 수없이
많다. 제삿날 같은 때에는 항상 링귀네linguine(스파게티 면을 납작하게 눌러 놓
은 것처럼 생긴 파스타—옮긴이)와 병아리콩 미네스트라를 사용한다. 크리스마
스에는 우유, 설탕, 레몬 껍질, 계피로 맛을 낸 펜네penne(짧은 대롱 모양으로
양 끝을 경사지게 자른 파스타—옮긴이)인 '노차타'nociata를 자주 먹는다.

- 아브루치 주, 몰리세 주

아브루치와 몰리세를 대표하는 파스타는 '키타라'chitarra라는 긴 파스타인데, 이것은 파스타 모양을 찍어 내는 '키타라'라는 도구로 만든다. 키타라는 장방형 너도밤나무 틀에 하프 현처럼 가는 철사를 수 밀리미터 간격으로 붙인 것이다. 키타라는 새끼 양 고기로 만든 라구와도 잘 어울린다.

- 마르케 주

마르케에서 가장 유명한 것은 '빈치스그라시'vincisgrassi라는 파스타인데, 축제에 어울리는 고귀한 요리로 여겨 왔다. 라자냐와 비슷하게 납작한 이 파스타는 만드는 방법이 복잡하다. 반죽할 때 마르살라marsala(단맛이 나는 시칠리아산 발효 포도주—옮긴이)나 포도주를 넣으며, 베샤멜소스(우유, 밀가루, 버터로 만든 화이트소스—옮긴이), 돼지고기로 만든 라구 소스 등을 사용한다. 닭이나 새끼 양, 송아지의 내장이나 골, 트뤼프(송로)를 더하는 경우도 많다. '마케론치니'maccheroncini라는 아주 가는 파스타(일종의 카펠리니)도 잘 알려져 있다.

- 움브리아 주

움브리아에서는 보통 밀가루와 물로만 파스타를 만든다. 생파스타가 풍부하고 '움브리첼리'라는 두꺼운 스파게티가 대표적인데, 그밖에 '치리올레'ciriole라는 작은 장어 모양 파스타도 유명하다. 전통적으로

만성절과 크리스마스이브에 호두, 꿀, 빵가루, 소금으로 맛을 낸 마카로니를
먹었다.

– 토스카나 주

토스카나의 몇몇 지역에서는 밀을 수확하는 시기에 아주 가
느다란 긴 파스타 '카펠리 단젤로'capelli d'angelo로 수프 파스타를 만드는
풍습이 있었다. 다른 대표적인 파스타로는 '파파르델레'pappardelle(폭이 넓
은 띠 모양 파스타)와 아주 굵직한 가락국수 같은 파스타인 '피치'가 있는데,
둘 다 오리나 거위 혹은 멧돼지 등으로 만든 라구 소스와 먹는다.

● 북부 지방

– 에밀리아로마냐 주

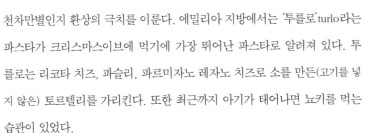

만두 파스타가 아주 풍부하다. 모양이나 내용물이 어찌나
천차만별인지 환상의 극치를 이룬다. 에밀리아 지방에서는 '투를로'turlo라는
파스타가 크리스마스이브에 먹기에 가장 뛰어난 파스타로 알려져 있다. 투
를로는 리코타 치즈, 파슬리, 파르미자노 레자노 치즈로 소를 만든(고기를 넣
지 않은) 토르텔리를 가리킨다. 또한 최근까지 아기가 태어나면 뇨키를 먹는
습관이 있었다.

- 프리울리베네치아줄리아 주

17세기 이후 빈번하게 배를 곯는 고통에 시달리던 지방이었

지만, 옥수수가 도입되면서 굶주림을 면할 수 있었다. 옥수수 폴렌타를 이리

저리 궁리해 세 끼로 먹었다. 재료(감자, 호박, 간)와 모양, 양념(버터, 설탕, 계

피, 자두)에 따라 종류도 많다.

- 베네토 주

이 지방의 유명한 파스타 중 하나인 '비골리'는 크리스마스이

브와 성금요일에 주로 안초비anchovy(지중해식 작은 생선 젓갈—옮긴이) 소스

를 얹어 먹었다. 베로나에서는 사육제에 뇨키를 바쳤기 때문에 일종의 뇨키

축제가 되었다.

- 트렌티노알토아디제 주

알토아디제와 트렌티노 북부에서는 감자로 만든 '카네델

리'canederli가 널리 사랑받았다. 감자를 으깨어 소금을 뿌리고 밀가루와 달

걀을 섞어 만든 커다란 뇨키인데, 자두를 넣기도 하고 녹인 버터와 리코타

치즈를 함께 먹기도 한다. 트렌티노 지방의 특산 요리로는 감자 폴렌타도 유

명하다.

- 리구리아 주

이 지방 사람들은 자기들이 '라비올리'를 탄생시켰다고 주

장하는데, 그 밖에도 '트로피에'trofie(밀가루로 만든 일종의 뇨키를 가늘게 비꼰 것)나 '피델리니'fidelini라는 가늘고 긴 파스타도 유명하다. 또한 '나탈리니'natalini는 경사지게 잘라 낸 원통형의 짧은 파스타인데, 이름이 말해 주듯 나탈레Natale(크리스마스)의 전형적인 요리가 되었다.

– 롬바르디아 주

이 지방의 특유한 파스타로는 크리스마스이브에 먹는 만토바풍 호박 '토르텔리'가 있으며, 그 밖에도 크레모나의 만두 파스타인 '마루비니', 발텔리나의 '피초케리'pizzoccheri(메밀가루로 만든 파스타) 등이 있다.

– 피에몬테 주, 발레다오스타 주

피에몬테 지방은 생파스타도 만두 파스타도 풍부하며, 특히 '아뇰로티' 종류가 엄청나게 많다. 달걀을 넣어 만든 길고 납작하며 가느다란 생파스타 '타야린'tajarin은 15세기 이후 확산되었고, 축제 기간에는 여기에 닭 내장 라구 또는 버섯(양송이)이나 트뤼프(송로) 소스를 곁들였다. 발레다오스타 지방은 폴렌타와 뇨키 종류가 많고 폰티나fontina 치즈를 비롯한 향토적인 치즈로 맛을 낸다.

지방 요리의 성립

앞에서 소개한 파스타들은 각 지방의 자부심을 그득 담고 있을뿐더러 직접 그곳에 가서 먹지 않는 이상 맛보기가 상당히 어렵습니다. 그러나 근대 이후에는 이탈리아의 남쪽에 가나 북쪽에 가나 보통 먹을 수 있는 표준적인 파스타가 등장했습니다.

이를테면 나폴리나 볼로냐 주변에 원래부터 있었던 지역적인 파스타가 지금은 이탈리아 요리의 '대표 주자'가 되어 이탈리아 국내뿐 아니라 세계 어디에서도 통용되는 것입니다. 토마토소스를 끼얹은 스파게티, 감자로 만든 뇨키 등이 전형적이지요. 어떻게 그런 일이 일어났을까요? 나아가 이탈리아에서 전국적으로 '대표 주자'가 등장한 것은 지역주의나 지방의 캄파닐리스모와 어떤 관계를 맺고 있을까요?

지역 주민이 자기 고장의 자랑으로 삼는 중요 요소인 '지방 요리'는 언제 성립했을까요? 이 점을 먼저 생각해 봅시다. 실은 훨씬 이전부터 각지의 특색 있는 요리에 주목하는 일은 있었습니다. 이를테면 의사이자 인문학자인 오르텐시오 란도Ortensio Lando는 1548년에 『이탈리아와 다른 곳들의 명물에 대한 기록』Commentario delle più notabili e mostruose cose d'Italia, e altri luoghi에서 이탈리아 각지의 명물을 상세하게 기술하면서 먹을거리와 포도주에 대해서도 언급했습니다. 실로 근대에 쏟아져 나온 각국 명물을 소개한 책자의 선구자라 하겠지요.

각 지방 궁정에서 일하는 요리사들 사이에 지역 식문화를 창조한다는 자긍심이 싹튼 것도 지방 요리가 성립하는 데 중요하게 작용했겠지요. 나폴리의 요리책 작가들은 처음으로 남부의 음식 문화유산을 정의하기도 했습니다. 예를 들어 조반 바티스타 크리시Giovan Battista Crisci라는 귀족은 매해 각 절기마다 달라지는 메뉴들을 종류별로 수집해 1634년에 나폴리에서『궁정 신하들의 램프』Lucerna de corteggiani라는 책으로 펴냈습니다. 1692~1694년에 나폴리에서 출판한 안토니오 라티니의『현대풍 스칼코』는 특히 자기들이 어떤 문화와 지역에 속하고 있는지, 그 점을 전하고자 노력을 기울이고 있습니다.

국가 통일과 지방의 명물 파스타

그러나 이들 요리사들이 소개한 것만으로 '지방 요리'가 본격적으로 자리를 잡았다고는 말할 수 없을 것입니다. '지방 요리'가 확립된 것은 바로 이다음에 소개할 아르투시에 의해 '이탈리아 요리'가 성립한 19세기 말이었습니다.

곰곰이 따져 보면 당연한 일이지만, 국가가 성립하고 나서야 비로소 지방이 있을 수 있고, 국민 요리를 참조해야 비로소 지방 요리의 특성을 정의할 수 있는 법입니다.

돌이켜보면 이탈리아에서는 중세 이후 오랫동안 '도시'가 곧 '국가'(도시국가)였습니다. 도시는 각각 하나의 국가로 기능했으며, 정치, 경제, 문화, 종교 등 온갖 분야에서 도시 중심부가 주변 농촌을 지배하고 있었으니까요. 요리도 마찬가지로 도시국가 안에서 도회풍 요리와 시골풍 요리로 나뉘는 식이었지요.

통일된 국가가 생기고 나서 각 지방은 드디어 나라 안의 다른 지방과 자신을 비교하기 시작했고, 지방 의식이 높아지면서 음식 문화의 독자성을 의식하거나 애착을 더 강하게 느끼게 되었습니다. 다시 말해 '이탈리아 요리'라는 전체적인 틀과 윤곽이 뚜렷해지면서 각 지방의 개성적인 '지리'나 '풍토'에 갖가지 요리를 대응시키거나 비교할 수 있게 된 것입니다.

그러면 이탈리아는 어떻게 통일국가가 된 것일까요?

다른 나라의 먹잇감이 된 이탈리아

16~17세기 남이탈리아가 스페인의 지배를 받은 역사에 대해서는 이미 살펴보았지요. 그런데 이 시대에는 북이탈리아마저도 중세와 르네상스 시대에 누리던 자유로운 도시국가의 전성기를 넘겨 버렸고, 독립을 상실하면서 차례로 타국의 지배를 받게 되었습니다.

이탈리아를 지배하고자 하는 욕구가 강했던 프랑스 왕 루이 12세는 스포르차Sforza 가문*으로부터 밀라노 공국을 빼앗았습니다. 그 뒤 프랑스 왕위를 계승한 프랑수아 1세는 스페인 왕이자 신성 로마 제국의 황제였던 카를 5세와 이탈리아에서 패권을 차지하기 위해 이탈리아 전쟁(1521~1544)을 벌였습니다. 얼마 동안 세력 다툼이 계속되다가 결국 1559년에 카토—캉브레지 조약을 맺었는데, 이로써 스페인합스부르크 왕조는 이제까지 지배하던 나폴리 왕국이나 시칠리아 왕국, 사르데냐 왕국에 더하여 밀라노 공국, 토스카나 연안 지대(경비 국가)까지 직접 통치하게 됩니다.

이후에도 프랑스, 오스트리아, 스페인은 이탈리아를 두고 끊임없이 각축전을 벌였지요. 스페인 계승 전쟁 후 1713년에 맺은 유트레히트 조약에 의해 이번에는 스페인이 이탈리아의 밀라노 공국, 나폴리 왕국, 사르데냐 섬 등을 오스트리아 합스부르크가에 양도했습니다. 오스트리아가 이탈리아를 지배한다는 것을 명확하게 해 놓은 것입니다.

나아가 폴란드 계승 전쟁이 일어나 1738년에 빈 조약이 체결되었고, 그사이 나폴리 왕국과 시칠리아 왕국은 스페인계 부르봉가의 카를로스 손에 넘어갔습니다. 카를로스는 나폴리 왕 카를로 7세Carlos VII di Napoli(재위 1734~1759)에 즉위해 두 왕국을 통치했습니다. 한편 토스카나 대공국은 1737년 이전에 오스트리아의 로렌 공이었던 마

◆　　15~16세기 밀라노 공국을 지배한 명문 귀족 가문. 무치오 아텐돌로(Muzio Attendolo)가 무공을 세워 스포르차라는 호칭을 얻었고, 그의 아들인 용병대장 프란체스코가 1450년부터 권력을 장악해 카를 5세에게 정복되기까지 실질적으로 밀라노를 지배했다. 프란체스코는 문예를 보호하고 장려해 밀라노를 북이탈리아의 문화 중심지로 육성했다.

리아 테레지아의 남편 프란츠 슈테판Franz Stefan(재위 1737~1765)이 획득했고, 사후에는 그의 아들인 페테르 레오폴트Peter Leopold(재위 1765~1790)가 뒤를 이었습니다.

나폴레옹의 등장

이탈리아는 외국 여러 나라의 먹잇감으로 전락해 버렸지만, 1789년부터 시작된 이웃 프랑스의 혁명과 나폴레옹의 등장에 힘입어 커다란 자극과 희망을 품게 됩니다.

1796년 프랑스 총재 정부는 오스트리아를 배후에서 견제하도록 나폴레옹을 군사령관으로 임명하고 이탈리아 방면으로 원정 파견했지요. 일단 귀국한 나폴레옹은 브뤼메르 18일 쿠데타*를 일으켜 제1 집정관이 되었고, 1800년에 다시 이탈리아로 갑니다. 거기에서 그는 공화국이나 왕국을 세워 대다수를 프랑스 제국에 합병시켰고, 그렇지 않은 이탈리아 왕국과 나폴리 왕국도 지배했습니다. 시칠리아와 사르데냐만 프랑스의 지배를 면했지요.

프랑스가 지배하는 토지에는 프랑스를 모델로 삼은 제도를 도입

◆   브뤼메르(brumaire)는 프랑스 혁명력의 2월인 무월(霧月)로, 지금의 10월 22일~11월 21일에 해당한다. 1799년 11월 9일, 나폴레옹은 총재 정부를 전복하고 군사 쿠데타를 일으켜 집정 정부를 수립하고 스스로 제1 집정관이 되었다. 1794년 테르미도르 반동으로 이미 생명이 끝난 프랑스 혁명은 나폴레옹에 의해 완전히 숨통이 끊어졌다고 할 수 있다.

빈 회의 이후 유럽과 통일 이탈리아

→ 가리발디의 진로   ⫶⫶⫶ 토스카나 대공국
⫶⫶⫶ 모데나 공국 ▨ 파르마 공국
■ 교황령 ⫶⫶⫶ 양 시칠리아 왕국

했습니다. 다시 말해 집권적 관료제 채용, 사법 및 행정 기구 개혁, 국내 관세 폐지, 도량형 통일, 봉건제 폐지 등을 통해 사회나 정치 체제의 근대화를 대폭 진행해 나갔습니다.

1815년에 나폴레옹이 결국 실권하면서 빈 회의(프랑스 혁명과 나폴레옹 전쟁 사후 수습을 위해 빈에서 개최한 유럽 국제회의—옮긴이)에 따라 이탈리아 영토는 나폴레옹 이전에 지배하던 외국 세력에 반환되었습니다. 제도 개혁의 성과 덕분에 이탈리아는 어느 정도 근대화를 이룰 수 있었습니다.

리소르지멘토로의 흐름

1820년대 이탈리아 각지에는 몇몇 비밀 결사가 생겨나 새로운 통합 정책을 세웠습니다. 예를 들어 마치니*가 조직한 '청년 이탈리아당'La Giovine Italia은 민족 통일과 공화주의적 자유를 통한 민족 국가를 건설하기 위해 과격한 혁명 활동을 전개했습니다. 그들은 뜻이 좌절되자, 애국적 지식인은 온건한 혁신주의를 제창했고 일부 정치가는 외국 세력(나폴레옹 3세** 등)과도 손을 잡았습니다.

　이 시기부터 이탈리아가 통일되기까지 이탈리아의 근대화를 지향한 변혁의 움직임을 '리소르지멘토'Risorgimento라고 부릅니다. 이는 국가 통일에만 중점을 두는 것이 아니라 정치, 사회, 경제, 문화 등 모든 방면에서 뒤떨어진 이탈리아의 상황을 개선하려는 운동이었지요. 18세기 유럽 각국으로 퍼져 나간 계몽주의 및 그에 기반을 둔 개혁, 프랑스 혁명, 그리고 나폴레옹 체제의 프랑스에 지배받는 상황 등이 리소르지멘토 운동을 촉진했습니다. 이 운동을 진척하는 가운데 '국가 통일'이야말로 이탈리아에 최선의 상황을 가져다줄 마지막 수단이라는 의식이 뜨겁게 솟아올랐습니다.

◆　　Giuseppe Mazzini, 1805~1872. 이탈리아의 혁명가이자 통일 운동 지도자로서 1831년 망명지인 마르세유에서 청년 이탈리아당을 결성해 공화주의를 바탕으로 이탈리아를 통일할 것을 호소했다. 1849년에 로마 공화국을 수립했으나 프랑스의 간섭으로 실패한 뒤 외국으로 망명했다.
◆◆　　Charles Louis Napoléon Bonaparte, 1808~1873. 나폴레옹의 조카로, 숙부의 인기를 업고 통령에서 황제가 된다. 그의 등장을 두고 마르크스는 "역사는 반복된다. 처음에는 비극으로, 두 번째는 희극으로!"라고 말했다.

이탈리아 왕국의 초대
왕 비토리오 에마누엘
레 2세

　1848년에는 유럽 전역에서 수많은 투쟁이 벌어졌는데, 이탈리아
의 애국자들도 나라의 기틀을 잡으려고 노력했습니다. 애국의 기운이
서서히 고양되면서 주세페 가리발디[***]가 활약했습니다.

　그러던 중 이탈리아 북서부의 사르데냐 왕국이 혁명(1848~1849)을
거친 뒤, 귀족과 교회가 지배하던 보수적인 나라에서 자유주의적 개
혁을 추진하는 나라로 변모했습니다. 그곳은 이탈리아에서 유일하게
헌법과 의회가 제대로 기능하는 나라이기도 했습니다.

　비토리오 에마누엘레 2세[****](재위 1849~1861)는 새 문물에 눈을 뜬

◆◆◆　Giuseppe Garibaldi. 1807~1882. 19세기 이탈리아 통일 운동에 헌신한 군인이자 공화주의자로, 해
방 전쟁 때 알프스 의용대를 지휘했고, 남이탈리아 왕국을 점령하는 등 이탈리아 통일에 기여했다.
◆◆◆◆　Vittorio Emanuele II di Savoia. 1820~1878. 19세기 중엽까지 오스트리아, 프랑스, 로마 교황 등의
지배를 받아오던 이탈리아에서 유일한 독립국이자 이탈리아 왕국의 전신인 사르데냐의 왕. 그는 카보우르를
재상으로 등용하고 선정을 베풀어 국력을 높이는 한편, 프랑스, 영국 등과 협상을 맺고 오스트리아와 싸워 이
김으로써 통일의 꿈을 완성했다. '조국의 아버지'로 불리며 존경을 받았다.

가족과 함께 있는 가리발디

국왕으로서 수상인 카보우르*나 라마르모라**와 함께 자유주의적 개혁을 강력하게 밀고 나갔습니다. 수많은 정치가가 샤르데냐로 망명해 이탈리아의 미래에 관해 정치적 견해를 피력했고, 어떻게 해방과 통일을 이룰 것인가에 대한 방안을 내놓았습니다. 그리하여 사르데냐 왕국이 무력과 교섭을 통해 외국의 지배로부터 해방한 지역을 합병해 나가는 것이 현실적인 통일 방안이라는 의견이 유력해졌습니다.

사르데냐 왕국은 북이탈리아에서 중부 이탈리아까지 합병해 나갔는데, 언제 이탈리아 전체를 통일할지 구체적인 계획이 잡혀 있던 것

◆　　Conte di Cavour, 1810~1861. 파리 회의(1856)에서 이탈리아의 통일이 유럽의 중요 사안임을 열강에 인식시켰다. 나폴레옹 3세의 지지를 얻어 오스트리아군을 격파해 롬바르디아를 해방시켰고, 샤르데냐 왕국을 중심으로 점진적 통일을 추진했다.
◆◆　　Alfonso La Marmora, 1804~1878. 이탈리아의 장군으로 수상 및 외무부장관을 지냈다. 라마르모라 내각은 왕권을 지지하면서 정교 분리 원칙에서 빈번히 이탈하는 자유주의적 정책을 실시해 고위 성직자들의 이해와 환영을 받지 못했다.

은 아닙니다. 하지만 가리발디의 활약으로 통일 과정이 한꺼번에 앞당겨집니다.(167쪽 그림 참조.)

1860년 5월 5일 밤, 가리발디는 지원병 1,000명으로 구성된 붉은 셔츠 군대와 함께 배 두 척을 이끌고 제노바를 떠나 시칠리아의 마르살라 항구로 향했습니다. 시칠리아에 상륙한 그는 부르봉 군대와 전투를 벌인 끝에 승리하여 시칠리아를 해방시켰고, 이어 붉은 셔츠 군대는 나폴리까지 올라가 모든 토지를 해방시켰습니다. 9월 7일 나폴리에 무혈 입성한 이후, 가리발디는 나폴리에 입성한 비토리오 에마누엘레 2세에게 자신이 정복한 땅을 '헌납'했습니다.

덧붙여 나폴리를 해방시켰을 때 가리발디는 "제군, 마케로니야말로 이탈리아에 통일을 가져다줄 것이오!" 하고 소리 높여 선언했다고 합니다.

이탈리아의 통일과 국민 의식

북이탈리아가 통일을 주도하는 상황에서 이탈리아는 정치적으로 곤란한 문제를 떠안습니다. 바로 '남북 문제'이지요. 국가 통일은 실제로 북에 의한 남의 '정복'이었고, 19세기 후반에서 20세기에 걸친 현실은 정치적으로나 사회적으로 북이탈리아의 논리에 남이탈리아를 종속시켜 나가는 것이었으니까요. 국가는 북부의 중공업을 육성하고 지원하는 대신, 남부의 농업이나 영세한 산업을 잘라 냈습니다. 그 결과, 버림받은 남부에는 봉건적인 관습이 잔존하고, 억압당하는 농민이나 도시 노동자는 점점 더 실업, 범죄, 나태, 예속 상태로 치닫지요. 결국 그것이 나라에 큰 부담이 됩니다.

여하튼 이탈리아의 통일은 가리발디와 비토리오 에마누엘레 2세의 활약에 힘입어 사르데냐 왕국을 확장해 가는 양상으로 실현되었습니다. 오스트리아가 지배하던 북동부 베네토와 로마 교황령으로 프랑스의 지배를 받던 라치오(로마)를 제외하고 말이지요. 1861년 이탈리아 왕국의 초대 수상은 오랜 기간 사르데냐 왕국에서 수상을 지낸 카보우르였습니다.

이윽고 이탈리아는 베네토와 라치오를 각각 1866년과 1870년에 통합하고, 수도를 로마로 정함으로써 정식 국가가 되었습니다.

처음에는 왕국 내 행정 제도나 법률을 통일하는 것이 급선무였기 때문에 문화나 생활 개혁에는 미처 손을 대지 못했습니다. 이탈리아 각지의 주민들도 누구나 빠짐없이 이탈리아 사람이라는 의식을 가져야 한다는 생각에 미치지 못했고요. 형식적인 통일은 이루었지만, 지역마다 자신의 독자성을 강하게 주장하는 바람에 남과 북, 도시와 농촌, 귀족 및 부르주아와 농민, 정부와 시민 등 가치관이나 이해의 대립은 좀처럼 해소될 기미가 보이지 않았습니다.

이탈리아는 통일을 이룬 뒤에도 국민 통합이라는 과제를 수행해야만 했습니다. 한마디로 '이탈리아 사람'을 만들어 내야 했던 것이지요. 이는 전쟁이나 혁명 같은 폭력이 아니라 문화를 통해 실현해야 할 사안이었습니다. 이 분야에서는 언어와 관련된 문화와 더불어 '음식 문화'가 공을 세웠습니다.

이탈리아 요리의 아버지

이 시대에 돋보이는 활약을 한 사람이 바로 펠레그리노 아르투시입니다. 1891년에 나온 획기적인 요리책 『요리의 과학과 맛있게 먹는 방법』 *La scienza in cucina e l'arte di mangiar bene*으로 아주 유명한 사람이지요. 그는 1820년 이탈리아 북부 로마냐 지방에 있는 포를림포폴리 마을에서 식료품점 아들로 태어났습니다. 기숙학교를 졸업하고 나서 집으로 돌아와 30세까지 책과 요리, 잡화에 파묻혀 지내면서 아버지 일을 거들었습니다. 그러다 1851년 1월에 마을을 습격한 강도떼에 피해를 입고 아르투시 집안은 피렌체로 옮겨갔습니다.

아르투시는 맨 처음에 토스카나 지방의 티레니아 해안 마을인 리보르노에서 상사를 다녔고, 그다음에는 피렌체에 살면서 일종의 은행을 설립해 재산을 모았습니다. 50세에 일을 그만두고 은퇴했지만, 여가를 이용해 문필가로서 책을 몇 권 냈을 뿐 아니라 취미로 연구하기 시작한 요리를 결국 장년의 업으로 삼았습니다.

그렇게 해서 출간한 책이 바로 『요리의 과학과 맛있게 먹는 방법』

아르투시와
그의 저서 『요리의
과학과 맛있게 먹는
방법』

입니다. 어릴 적부터 이탈리아 각지를 돌아다니며 온갖 지방의 기후
와 풍토, 지형, 민속에 정통했던 것이 크게 도움이 되었습니다. 각 지
방의 집집을 찾아다니며 직접 요리 방법을 듣기도 하고 가정의 요리
법을 적은 메모를 우편으로 받기도 했습니다. 또한 여관 안주인의 요
리를 눈여겨보고 기록하기도 했지요. 요리사 두 사람이 그의 작업을
도와서 나중에 요리를 재현하는 일을 거들기도 했습니다.

　꼼꼼하게 관찰한 각 지방의 요리법 가운데 역시 일 때문에 정착한
토스카나와 애착이 깊은 고향 로마냐(볼로냐)의 요리가 가장 잘 반영
되어 있었지요. 그는 이 밖에도 각 지방의 '도시' 요리를 잘 알고 있었
습니다.

요리를 통한 국가 통일

아르투시의 요리책은 결과적으로 요리 및 파스타를 통한 국민 통합의 촉진제가 되었습니다. 물론 아르투시가 애초부터 국민 통합을 생각하거나 의도했던 것은 아닐지도 모릅니다. 하지만 그의 부친이 청년 이탈리아당의 마치니파였다는 점이나 지방의 재산가로서 근대 이탈리아의 역군이라 할 만한 부르주아 계급에 속해 있었다는 점 등은 그가 쓴 요리책의 구성이나 내용에 은근하게나마 영향을 미쳤을 것입니다.

타고난 감각을 발휘해 다양한 지방 요리를 새로운 시대에 어울리게끔 개선했을 뿐 아니라 국민적인 차원으로 끌어올려 새롭게 제시한 데서 아르투시의 진면목을 확인할 수 있습니다. 그가 선택한 주요 요리들은 이탈리아를 대표하는 요리법으로 책 한 권에 오롯이 정리됨으로써 신흥 시민 계급으로부터 열렬히 환영받았습니다. 오늘날에 이르기까지도 각 가정에 꼭 구비해 놓아야 할 품목으로 평가받는 이 책은 이탈리아 국가 통일 시기에 이루 말할 수 없이 중요한 역할을 해냈다고 할 것입니다. 그도 그럴 것이 이 책이야말로 '요리'를 통해 국가 통일을 이루어 냈다고 할 수 있으니까요. 다만 여기에도 남북 문제가 그림자를 드리운 탓인지, 남이탈리아가 냉대를 받고 있습니다. 예를 들어 풀리아, 바실리카타, 칼라브리아 지방의 요리가 하나도 없는 것은 실로 아쉽고도 불공평한 처사이며, 또한 토마토는 있지만 고추가 등장하지 않는 점도 납득하기 어렵습니다.

그러나 어찌 되었든 파스타가 이탈리아를 상징하는 요리로 공인 받도록 했다는 점에서는 아르투시를 이탈리아 요리의 아버지라 불러도 손색이 없을 것입니다. 그때까지 사람이 먹을 것으로 보지 않던 감자로 만든 뇨키는 아르투시 덕분에 공식적으로 일상 요리로 등장했습니다. 뇨키가 드디어 국민 요리의 하나로서 시민권을 획득한 것입니다. 또한 그는 토마토소스를 파스타에 쓰는 것도 인정했습니다. 그는 처음으로 토마토 주스와 토마토소스를 엄밀하게 구별하고 토마토소스를 파스타와 결부했습니다. 토마토와 감자, 이 두 가지 재료는 특정한 '지방'과 인연이 없는 외래 품목이기 때문에 보편적인 '이탈리아 요리'의 상징으로 부상할 수 있었다고 볼 수도 있습니다.

부르주아와 새로운 음식 문화

그러면 아르투시가 속해 있던 '부르주아'가 무엇인지 생각해 봅시다.

이탈리아는 다른 유럽 국가보다 자본주의 정신이 일찍 자리 잡았습니다. 베네치아, 제노바, 피렌체 등에서는 이미 14세기에 성실하고 정직하게 상업 활동을 하며 자본을 축적하는 것을 대대손손 가훈으로 삼는 것이 상인의 행동 규칙으로 정해져 있었습니다. 뿐만 아니라, 15세기에는 곳곳에서 경제적 관심을 인생의 중요한 가치로 규정하고 생활 전반에 걸쳐 절약, 계획성, 합목적성, 계산 능력을 중시하는 인간 유형이 등장합니다.

그런데 16세기 무렵부터 나폴리뿐 아니라 피렌체에서도 생활의 봉건화, 즉 스페인화가 이루어지면서 시민들이 노동을 경멸하고 귀족 호칭을 동경하기 시작합니다. 귀족처럼 별장에서 빈둥거리며 연금으로 생활하고 싶어 하는 상류층 시민이 늘어 가지요. 이러한 일시적인 후퇴기를 거쳐 18~19세기에 들어오면 본래적 의미의 부르주아가 탄생합니다.

이 무렵부터 귀족적인 가치관은 더 이상 시민을 매혹하지 못했고, 무턱대고 귀족적인 생활양식을 모방하려 드는 경향도 없어졌지요. 그 대신 부르주아는 자신들만의 독자적인 세계관과 생활양식을 모색합니다.

이러한 태도는 일을 할 때도 여가를 즐길 때도 가정생활이나 교육에서도 나타났는데, 이 책의 주제인 식생활에서도 예외는 아니었습니다. 부르주아는 호화로운 요리보다 세련된 요리를 선호했으며, 더 이상 양이나 가짓수를 가지고 사람들을 놀래는 허영은 부리지 않았습니다. 음식 1인분의 양도 적어지고 일찍이 권력이나 귀족의 증표였던 왕성한 식욕을 긍정적으로 여기지도 않았지요.

주부가 깔끔한 부엌에서 준비한 건강하고 영양이 풍부한 요리를 오밀조밀하고 모양이 다양한 개인용 그릇에 담아 가족이 모두 식탁에 둘러앉아 먹는 것…… 이것이야말로 부르주아가 누리는 행복의 상징이었습니다. 나아가 이탈리아 요리는 프랑스 요리 등과는 달리 귀족과 농민의 경험이나 가치관이 둘 다 녹아들어 있다는 것이 눈에 띄는 특색이자 장점이었습니다.

평등한 요리, 평등한 언어

아르투시의 책에 대해 좀 더 이야기해 볼까요. 그는 '이탈리아 요리' 야말로 부르주아에게 어울리는 요리라고 했습니다. 그래서 각 지방의 대표 요리를 골라 손보는 동시에 이전에 신분에 따라 나뉘어 있던 전통 요리를 평준화했습니다.

이를테면 예전에는 꿩이나 정원솔새 등은 당연히 귀족에게 어울리는 음식 재료로 여겨진 반면, 순무나 강낭콩은 가난한 사람의 먹을거리였지요. 하지만 아르투시는 그렇게 신분에 따라 나뉘어 있던 것을 평준화해 통합했습니다. 더구나 그의 책에서는 중산계급, 부르주아의 재력으로 충분히 살 수 있는 재료만 소개하고 있습니다. 부르주아가 식생활을 중시하는 쪽으로 기울어 감에 따라 이 책이 재판에 재판을 거듭해 베스트셀러가 되었다는 사실도 수긍할 만합니다.

또 하나, 아르투시의 '개혁'은 '먹는 것'뿐 아니라 '언어'의 개혁이기도 했습니다. 이는 피에로 캄포레시Piero Camporesi라는 저명한 문화사학자가 지적한 점인데요. 실은 이탈리아가 통일을 이룬 시점에 '이탈리아어'를 말할 수 있는 인구는 겨우 2.5퍼센트에 불과했다고 합니다. 이처럼 당시에는 대부분 사람들이 '방언'을 구사했고, 이탈리아인끼리도 의사소통이 되지 않아 외국인과 대화하는 것과 다를 바 없었다고 하는군요.

이러한 사태를 두고 교육자나 정치가의 머릿속에는 당연하게도 표준어 보급이 시급한 과제로 들어앉았습니다. 애국주의와 교육열이 끓어 넘치는 가운데 '국어 순화론'을 주장하는 목소리가 높았습니다.

아르투시의 요리책은 실로 이러한 시대에 태어났습니다. 그는 요리를 소개하는 와중에 조촐하게나마 언어 교육을 짜 넣었습니다. 아르투시는 토스카나어, 방언, 전문어, 비어, 여성어 등을 모두 '이탈리아어'에 집어넣고 하나의 언어로 순화해 내는 길을 취했습니다. (통일된) 이탈리아어와 각 지방의 방언 사이에서 가교 역할을 해낸 것이지요. 각기 다른 방언으로 불리던 호칭을 이탈리아어로 '번역해' 요리 분야에서 언어의 합리화, 평준화, 통일화를 이루고자 한 것입니다.

그가 선택한 공통의 이탈리아어란 (반쯤은) 피렌체어, (반쯤은) 로마냐어를 기초로 한 곱고 아름다운 농민의 언어였습니다. 아르투시는 어떤 지방의 언어가 독점적으로 지배하는 것이 아니라 각 지방의 언어가 공존하는 듯한 요리 세계와 요리의 언어 공간을 사랑했던 것입니다. 이렇게 외부로부터 요리의 언어 공간으로 스며들어 온 요리의 이름은 이미 '표준 이탈리아어' 대열에 합류했습니다.

그는 이전 시대에 궁정 귀족이나 그들을 섬기던 요리사들이 프랑스에서 유래한 새로운 용어법을 숭배하는 경향을 바람직하다고 여기지 않았습니다. 어색한 프랑스어 이름이나 프랑스어 번역어, 무엇보다 뜻도 모르는 혼합 언어를 갖다 쓰기보다는 가정 요리 용어를 '순화'하고자 노력했지요. 그래서 이탈리아 각지로부터 모든 이탈리아 사람이 쉽게 이해할 수 있는 요리 명칭과 재료 이름을 애써 찾아내서 자신의 요리책을 써낸 것입니다.

국민 음식과 지방 요리

여기에서 새삼스레 '통일 국가＝국민 음식'과 '지방＝지방 요리'의 관계를 생각해 보지요. 19세기 후반의 아르투시 같은 사람들이 '이것이야말로 이탈리아 요리!'라는 식으로 모델을 제시하거나 음식을 만들어 먹으면서 '이탈리아 요리'라는 명칭은 자연스레 익숙해졌을 것입니다. 그렇게 자기 나라 음식을 이야기하는 습관이 사람들 사이에 퍼져 나감으로써 비로소 이탈리아인의 몸과 마음에서 국민 음식과 지방 요리는 통합을 이루어 나간 것이겠지요.

그러는 사이에 이탈리아를 대표하는 먹을거리가 있다는 사실이 널리 알려졌습니다. 외국에서도 이탈리아 요리가 화제에 올라 여행자가 맛보고 싶은 음식이 되었습니다. 텔레비전도 없고 매스컴도 지금처럼 발달하지 않은 시대에는 출판문화가 활황을 누렸는데, 요리도 출판에 잘 어울리는 주제였지요.

한편, 국민 음식이 명확하게 드러나면 드러날수록 자기가 사는 곳에 애착을 느끼는 주민들은 자연스럽게 자기 지방 요리의 독자성을 주장하는 동시에 한 치 양보도 없이 다른 지방 요리와 경합을 벌이게 됩니다. 여행자 입장에서도 어디를 가나 똑같은 '이탈리아 요리'를 맛본다면 재미가 별로 없기 때문에 지방마다 특색 있는 명물 요리를 찾아 나서게 됩니다.

조금 역설적인 이야기지만, 요리를 통한 국가 통일 시대야말로 지방 요리가 만들어지고 대대적으로 알려지는 시대를 열어젖혔습니다. 19세기에는 지역 중심지이자 출판 중심지인 도시에서 '밀라노 요리'라든가 '볼로냐 요리' 같은 도시별 요리책을 왕성하게 출간하기 시작합니다.

5장

엄마와 파스타

모유와 같은 파스타

이탈리아에서 신문이나 잡지를 뒤적거리다 보면, 배우나 정치가, 작가 등이 가정의 맛, 엄마의 애정을 떠올리게 하는 파스타의 향기에 대해 절절하게 추억하는 글을 종종 읽을 수 있습니다. 또한 이탈리아 영화에는 예나 지금이나 어머니, 아내, 할머니가 파스타를 만드는 장면이 넘쳐 나며 파스타를 즐기는 장면이 비중 있게 나옵니다.

엄마의 추억과 요리는 하나가 되고, 엄마의 맛으로 자라난 아이의 몸은 언제까지라도 그 맛의 추억을 떨쳐 낼 수 없는 것 같습니다. 엄마의 맛에 대한 애착을 떨치지 못하는 것은 만국 공통일지도 모르겠지만, 이탈리아 사람들에게서는 특히 강하게 느껴집니다. 그것은 아마도 이탈리아 사람들이 모성을 마음속 깊이 새기고 있고, 역사적으로도 모성과 깊은 관계를 맺어 왔기 때문이 아닐까요?

파스타라는 음식은 '목으로 넘기는 감촉'이 좋아서 언제까지나 물리지 않고 식욕을 일으킵니다. 매끈매끈 후룩후룩, 입술에서 혀, 입속, 목구멍까지 차례로 내려가며 어느 단계에서나 '쾌락'을 맛볼 수 있지요. 다른 누구도 아닌 엄마가 만들어 준 요리가 파스타라면, 파스

수유하는 성모 마리아(16세기)

타를 먹을 때 느끼는 쾌락과 안도감은 어린아이에게 무엇과도 바꿀 수 없는 소중한 체험일 것입니다. 어릴 적부터 다 클 때까지 엄마가 만들어 주는 파스타를 먹는다면, 마치 엄마 젖을 먹는 갓난아이처럼 청소년기를 보내는 것과 다름없겠지요. 다시 말해, 이탈리아인은 파스타가 만든 입맛으로 평생을 살아가는 것입니다.

이탈리아에서는 중세 이래 마리아 숭배가 지극했습니다. 지금도 농업 지대에는 마리아 신앙이 널리 퍼져 있습니다. 마리아에게 바친 성당은 수도 없이 많은데, 천 몇백 개나 되는 곳에 마리아의 성지가 있다고 합니다. 그래서 이탈리아에서는 아기 예수가 엄마 마리아의 가슴에 찰싹 달라붙어 젖을 빨고 마리아가 그 모습을 온화하게 지켜보는 '수유하는 성모 마리아' 그림이 유별나게 번성했습니다. 그렇게 보면, 엄마에게 착 달라붙어 있던 아기가 젖을 뗀 다음에는 파스타로 갈아타는 것처럼 여겨지기도 합니다. 어쩌면 부모와 자식이라는 핏줄로 꼭 붙어 있는 이탈리아 사람의 원형적 태도가 느껴지는 듯도 하군요. 이탈리아 사람 특유의 무조건적인 모성애, 낙천적인 신뢰감, 사소한 죄책감, 미약한 초자아의 힘, 약자나 빈궁한 사람에 대한 동정과 사랑, 미신을 믿는 마음, 운명에 대한 복종, 살가운 성격 등의 개인성, 아니, 국민성으로 인해 모성적인 성질이 '파스타'를 둘러싼 원초적인 갈망 속으로 파고들어 갔을지도 모릅니다.

파스타는 고독을 인정하지 않는, 연대와 연결의 음식입니다. 파스타는 본래 가족 또는 친구들과 다 같이 둘러앉아 왁자지껄 먹는 음식입니다. 한 사람씩 따로 접시에 담아 먹는 것이 아니라, 큰 접시에 듬뿍 담아 내어 서로 나누어 먹는 것이 어울리지요. 실로 부드러운 포용력을 지닌 음식입니다.

"자, 다 됐다, 어서 먹으렴……" 하고 큰 접시에 파스타를 고봉으로 담아 식탁 위로 기세당당하게 가져다놓는 엄마의 미소 띤 모습만큼, 식탁에 앉아 기다리는 아이들에게 환희와 안도감을 안겨 주는 장면은 없습니다. 심지어는 혼자 파스타를 먹을 때조차 연대의 음식, 모성의 음식이 가진 따뜻함이 풍겨 나오는 듯합니다. 과연 이것이 저 혼자만의 감상일까요?

요리와 여성

요리가 여성의 일이라는 생각은 오늘날 그다지 동의를 얻지 못할 듯합니다. 요리를 잘하는 젊은 남성도 많거니와 요즘에는 나이 지긋한 남성도 요리 정도는 할 수 있어야 한다며 요리 교실에 다니기도 하니까요. 레스토랑 주방장은 과반수가 남성일 것입니다.

하지만 얼마 전까지만 해도 유럽이나 일본에서는 여성이 집안일을 맡고 남성이 밖에 나가 사회적 활동을 한다는 식의 성별 분업이 당연하게 받아들여졌습니다. 여성의 집안일 가운데에서도 가장 중요한 것이 '요리'입니다.

파스타를 만드는 것은
중세부터 여성의 몫이었다.

　가난하게 생활할 수밖에 없는 처지에서 그때그때 값싸게 구입할 수 있거나 남은 식재료를 활용해 가족을 위해 맛있는 요리를 만드는 일…… 이렇게 힘든 과제를 담당한 것이 전근대의 여성이었습니다. 유럽에서도 특히 가톨릭의 가르침이 깊이 침투한 이탈리아에서는 여성과 요리가 굳건하게 결합해 있었던 듯합니다. 이탈리아의 시골에서는 지금도 아침부터 밤까지 하루 종일 요리하는 여성을 볼 수 있습니다. 마침 그 자리에 있는 재료, 또는 그다지 활용도가 다양하지 않은 재료를 가지고 다채롭고 맛이 훌륭한 요리를 만드는 일에는 이탈리아인 특유의 상상력, 즉 환상의 힘이 필요했습니다. 그런 능력을 가장 크게 요구받은 대상이 바로 주부인 것이지요. 그중 무엇보다도 상상력＝창조력을 가장 잘 발휘해야 하는 요리가 바로 파스타였습니다.

일등 신붓감의 조건

비교적 최근까지 이탈리아 반도의 남쪽 끝에 위치한 칼라브리아 지방에서는 같은 재료를 사용해 적어도 열다섯 종류의 파스타를 만드는 것이 결혼의 전제 조건이었다고 합니다. 마찬가지로 남부 풀리아 지방에서는 전통적으로 여성에게 귓바퀴 모양의 '오레키에테'를 만드는 능력을 요구했습니다. 나아가 이탈리아 중부의 아브루치 지방에는 '키타라'라고 해서 현악기처럼 생긴, 파스타를 만드는 독특한 도구가 있는데, 페스카라 마을에 남아 있는 1871년의 공문서에는 새색시의 혼수품 가운데 그 도구가 얼굴을 내밀고 있습니다. 그러니까 그 시대에는 키타라를 만드는 재능이 미래의 신부나 일등 주부가 갖추어야 할 중요한 소양이었던 셈이었지요.

중북부의 에밀리아로마냐 지방에서는 주부의 능력 중 가장 중요한 것이 '스폴리아'sfoglia(방망이로 밀어서 만드는 파스타)를 만드는 것이었지요. 한마디로 파스타 재료를 반죽해서 방망이로 솜씨 좋게 밀어 넓고 평평하게 만든 다음, 완벽한 모양으로 잘라 낼 수 있어야만 했던 것입니다. 그러니까 장래의 시어머니는 신부의 손가락을 유심히 들여다보면서 제일 먼저 "얘야, 스폴리아를 만들 줄 아니?" 하고 물었다고 합니다. 며느리 입장에서는 가슴이 졸아드는 순간이었겠지요. 신부의 손가락은 토르텔리니를 능숙하게 매만질 수 있도록 갸름해야 했습니다. 또한 그 지방의 신부가 혼수품으로 장만해야 할 도구에는 파스타를 자르는 나이프도 있었습니다.

옛날부터 이탈리아 농가에서는 요리 솜씨가 좋은 것이 고운 용모나 읽고 쓰는 능력 이상으로 훌륭한 '혼수', 다시 말해 결혼 지참금이었습니다. 그래서 옛날 농가의 가옥 안에서 가장 중요한 장소는 바로 '부엌'이었지요. 거기에서는 엄마=아내가 매일 가족의 배고픔을 달래 주고 내일의 활력이 되어 줄 맛있는 요리를 만드느라 고투했습니다. 어머니는 자신이 배우고 익힌 파스타 요리의 비결을 딸에게 전수하기 위해 일찍부터 힘을 기울였지요. 비결은 입에서 입으로 보일 듯 말듯 엄마로부터 딸에게로 전해졌습니다.

볼로냐 지방에서는 어머니가 딸에게 아주 어릴 적부터 파스타 만드는 법을 가르쳐 주기 위해 부엌에 반드시 '받침대'를 놓아두었다고 합니다. 20~30년 전까지만 해도 이런 '받침대'는 신부가 챙겨야 할 혼수로 여겨졌다고 하는군요.

파스타를 만드는 여성 장인

근대적인 공업화가 이루어지기 이전에는 가정 내에서는 물론 밖에서도 파스타를 만드는 것은 오로지 여성의 몫이었습니다. 중세에는 일반적으로 여성이 도제 수업을 끝내더라도 독립된 직인이 되기 어려웠고, 하물며 장인의 자리에 오르는 일은 불가능했습니다. 여성은 길

드 세계에서 차별을 받았지요. 그러나 직물 제조나 여관업, 사치품이나 식품과 관련된 몇몇 직종에서는 여성이 많이 참여했고 지위와 재화도 어느 정도 얻었던 듯합니다. 베테랑이 되면 도제를 훈련시키고 품질이나 가격을 결정할 수도 있었으니까요. 파스타는 그렇게 여성이 진출한 직종 중 하나였습니다. 여성은 남성과 동등한 권리를 갖고 파스타 판매점을 경영하거나 반죽부터 모양 만들기, 건조에 이르기까지 모든 공정을 감독했지요.

파스타 생산이 어느 정도 기계화된 뒤에도 원통이나 씨앗처럼 생긴 파스타는 좀처럼 기계로 제작하기가 어려웠습니다. 그래서 손재주가 좋고 상상력이 풍부한 여성들이 손끝으로 창의적인 파스타를 생산해 냈던 것이지요.

18세기 초에 나폴리의 토레안눈치아타에 사는 여성 기술자가 이름을 드날렸습니다. 또한 18세기 브린디시에 사는 한 여성은 하루 종일 지극히 섬세한 세몰리나로 갖가지 특별한 모양의 파스타를 만드는 데 여념이 없었습니다. 고된 노동과 뛰어난 솜씨 덕분에 그녀가 만든 파스타는 이 지역의 특산품으로 명성을 얻기에 이르렀답니다. 파리 근교에 있는 아크콰비바의 수녀들도 다양한 파스타를 고안해 내어 칭찬을 받았다고 알려져 있지요.

『이탈리아 기행』 가운데 1787년 4월 2일의 기록을 보면, 괴테가 시칠리아의 지르젠티(지금의 아그리젠토)를 방문해 어떤 집에 묵었을 때, 그 집 딸들이 커다란 방에서 섬세한 손놀림으로 파스타 가닥을 달

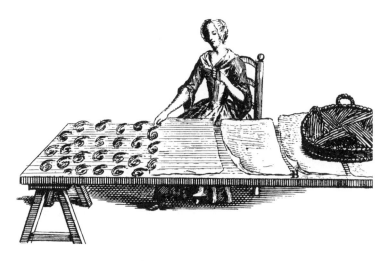

파스타를 달팽이 모양으로 말고 있는 여성

팽이 모양으로 돌돌 말아 놓는 모습을 보고 호기심이 생겼다는 내용이 나옵니다. 거기에서 괴테는 그들이 최상급 강력분으로 '마카로니'를 만들었고, 기계보다는 손맛으로, 모양보다는 맛으로 훌륭한 파스타를 만들고 있었다고 보고합니다.

　이러한 사례를 통해 잘 알 수 있듯이, 이탈리아의 파스타는 줄곧 여성과 깊은 관련을 맺으며 여성의 손에서 만들어지는 것으로 여겨져 왔습니다. 그래서 파스타하면 엄마, 엄마하면 파스타 하는 식으로 떼려야 뗄 수 없는 연상의 끈으로 묶여 버렸고, 이런 연관은 오늘날까지 명맥을 잇고 있습니다. 우리가 흔히 말하는 '엄마의 손맛'이라는 것이지요.

근대에 들어와 파스타가 주로 공장제 수공업으로 생산되면서 기계에 의존하는 비중이 늘고 공정마다 분업이 발전한 결과, 파스타 만들기는 남성 중심으로 옮겨 갑니다. 여성에게는 단순하고 보잘것없는 작업을 맡기고 대우 조건에도 크게 차별을 두었습니다. 물론 가정에서는 파스타를 만드는 여성의 역할이 조금도 흔들리지 않았지만요.

맘마 파스타

일본에서 활약하는 이탈리아 요리사 마르코 파올로 몰리나리Marco Paolo Molinari가 쓴 『파스타 만세』에 따르면, 18세기 극작가인 카를로 골도니Carlo Goldoni는 열네 살에 악동 친구들과 도미니코회 기숙학교를 빠져나와 배를 타고 리미니에서 키오자까지 도망을 쳤습니다. 다들 배고픔을 이기지 못해 쓰러질 지경에 이르자, 무엇을 먹고 싶은지 요리 이름을 대자고 합니다. 그때 모두의 입에서 일제히 "마카로니!"라는 말이 터져 나왔답니다. 아마도 다들 집에서 엄마가 만들어 주는 마카로니를 떠올렸겠지요.

100년 전에 밤바*가 쓴 이탈리아 아동 문학의 걸작 『잔 부라스카의 일기』Il giornalino di Gian Burrasca(1907~1908)에도 비슷한 장면이

◆   Vamba, 1858~1920. 저널리스트 겸 작가로, 본명은 루이지 베르텔리(Luigi Bertelli)이다. 『일요신문』을 주재하고, 지면에 『잔 부라스카의 일기』를 55회에 걸쳐 연재했다.

나옵니다. 음식을 이것저것 가려 먹는 아홉 살 소년 잔니노는 엄마가 하녀 카테리나에게 만들게 한 안초비 소스 스파게티에 사족을 쓰지 못했지요. 그러던 어느 날, 장난이 심한 소년은 아버지의 노여움을 사 기숙학교로 쫓겨나고 맙니다. 잔니노가 매일 매 끼 나오는 쌀로 만든 미네스트라에 진저리를 치며 몹시도 그리워한 음식이 바로 스파게티였습니다.

애정이 듬뿍 담긴 따뜻한 파스타! 건강에 좋고 맛있는 파스타! 그저 한 접시만 먹어도 크게 만족할 수 있는 파스타! 가족이나 친구의 정을 이어 주는 파스타! 이탈리아 사람들은 "싸움은 그만하고 파스타라도 만들어 먹자"는 말을 자주 한다고 합니다. 싸움을 화해로 이끄는 것이야말로 파스타가 상징하는 이탈리아의 어머니, 그리고 모성의 위대한 힘이 아닐까요? 파스타를 만드는 여성에게서 풍겨 나오는 모성의 향기가 밀가루 반죽에 스며들어 먹는 사람들을 하나로 이어 줍니다. 실로 파스타는 가족이나 동료들과 나누는 일상의 추억과 이어져 있지요. 정성을 다한 엄마의 손맛은 분명 아이들에게 적지 않은 영향을 안겨 줄 것입니다.

가까운 과거만 해도 나폴리에서 아이가 먹는 최초의 음식인 이유식은 엄마가 숟가락으로 떠먹여 주는 투베티tubetti였다고 합니다. '맘마mamma(엄마)의 파스타'라 할 만한 투베티는 튜브 모양의 파스타인데 가로로 잘라 대개 수프에 넣어 먹었던 듯합니다. 물론 여러 가지 소스도 얹어 먹었습니다. 이유식이니까 아마도 보글보글 끓여서 부드럽게 만들었겠지요. 이렇게 정성 가득한 나폴리의 파스타는 갖가지 콩류와 절묘하게 어우러져 영양가도 만점이었답니다.

카펠레티 미네스트라

'엄마의 손맛'을 상징하는 파스타에 대해 이야기했는데, 이와 관련해 앞에서 소개한 아르투시가 볼로냐의 만두 파스타인 카펠레티에 대해서 재미있는 일화를 기록해 놓았습니다. '엄마의 추억', '맘마 파스타'의 소중함을 이야기하고 있으므로 요리법과 더불어 이야기해 보지요.

로마냐풍 카펠레티

이것은 모자cappèllo처럼 생겼기 때문에 카펠레티라는 이름이 붙었습니다. 위에 부담이 가지 않는 소박한 요리법을 소개하지요.

- 리코타 치즈 또는 리코타 치즈와 라비지올로raviggiolo 치즈(소젖이나 염소젖으로 만든 부드러운 치즈—옮긴이)를 반반 섞어 180g
- 닭 가슴살 반 마리분에 버터, 소금, 후추를 뿌려 구운 뒤 가늘게 썬 것
- 강판에 간 파르미자노 레자노 치즈 30g
- 달걀 한 개와 노른자 하나
- 너트메그와 그 밖의 향신료 조금, 기호에 따라 레몬 껍질, 소금 약간

197

건더기는 항상 똑같은 재료를 쓸 수 없으므로 적당히 맛을 보며 조절해 주십시오. 닭 가슴살이 없을 때는 구이용 돼지고기 살코기 100그램으로 대체해도 됩니다. 닭 가슴살과 똑같은 방식으로 구워서 준비해 주십시오. 리코타 치즈 또는 라비지올로 치즈가 충분히 부드러워지면 달걀흰자를 더 이상 넣지 말고, 너무 딱딱하면 노른자를 한 번 더 첨가하거나 해서 적당히 굳도록 조절합니다.

밀가루에 달걀만(남은 달걀흰자를 더 넣어도 좋음) 넣고 섞어 부드러운 반죽을 만든 다음, 방망이로 밀어 겉을 쌀 껍질을 만듭니다.

그리고 그림 크기를 참고해 동그란 모양으로 잘라 놓습니다.

완성한 원 모양 반죽 한가운데에 속을 올려놓고 반달 모양으로 접습니다. 양 끝을 모아 반죽을 붙이고 예쁜 모자 모양으로 빚습니다. 껍질이 마르면 손가락 끝으로 물을 발라서 둥근 가장가리를 적십니다.

미네스트라(수프 파스타)는 닭으로 낸 브로도로 요리하는 것이 좋겠지요. 거세 수탉은 맛이 좋기 때문에 크리스마스 기념 요리로 나옵니다. 로마냐에서 하듯 카펠레티는 닭으로 브로도를 내어 요리합시다.

볼로냐에서는 크리스마스 때 카펠레티를 100개나 먹었다고 자랑하는 장사와 마주칠지도 모릅니다. 그렇지만 그렇게 많이 먹으면 속이 뒤집어질지도 몰라요. 실제로 내가 아는 사람은 그래서 죽었답니다. 절도가 있는 사람이라면 스물너덧 개면 충분하겠지요.

별반 중요하지는 않지만, 미네스트라에 대해 사색할 기회를 주는 어떤 일

에 대해 이야기해 보지요.

우선 알고 계셔야 할 것 같은데, 로마냐 지방의 남성들은 전혀라고 해도 될 만큼 책을 읽고 생각을 짜내는 일을 하려고 들지 않았습니다. 아마도 어릴 적부터 책을 읽느라 집중하는 부모의 모습 같은 것을 가까이에서 본 적이 없었기 때문일 테지요. 또한 그 지방에서는 적은 수입으로도 향락적인 생활을 할 수 있기 때문에 그다지 교육이 필요하다고 느끼지 않았던 탓도 있었겠지요. 그래서 90퍼센트 이상의 젊은이는 후기 중등학교를 나올 무렵이면 일할 의욕을 잃고 아무리 고삐를 잡아당겨도 움직이지 않는 말처럼 되어 버리는 것입니다.

이야기는 이제 본론으로 들어갑니다만, 로마냐 지방 저지대의 어떤 마을에 카를리노라는 아들을 둔 부부가 살았습니다. 짐짓 진보주의자 행세를 자처하던 아버지는 아들에게 남겨 줄 만큼 재산이 충분했지만, 그래도 아들이 변호사, 아니, 가능하면 국회의원이 되었으면 좋겠다는 바람을 품었습니다.(변호사와 국회의원은 별로 차이가 없으니까 말이죠.) 가족이 모여 몇 번이나 이야기를 나눈 결과, 염려나 반대 의견도 있었지만 결국 카를리노가 계속 면학에 힘쓸 수 있도록 집에서 가장 가까운 대도시인 페라라로 보내기로 결정했습니다. 아버지는 눈물을 훔치는 어머니의 품에서 아들을 떼어 내기라도 하듯 슬픔을 억누르며 아들을 페라라로 데려갔습니다. 그런 일이 있은 지 한 주도 안 되었을 때였지요. 부모는 카펠레티 미네스트라가 놓인 식탁 앞에 앉았습니다. 오랫동안 침묵이 흐른 뒤, 어머니가 한숨을 내쉬면서 이렇게 중얼거렸습니다.

"아아, 우리 카를리노가 있었으면 얼마나 좋아했을까! 카펠레티를 무척 좋아했으니까 말이우."

이 말을 마치자마자 현관문을 두드리는 소리가 들렸지요. 그러더니 카를리노가 기쁜 듯이 집 안으로 뛰어 들어오는 것이 아니겠습니까.

"아니, 어떻게 여기 온 것이냐? 무슨 일이 있었던 게야?"

아버지가 소리쳤습니다. 그러자 카를리노는 이렇게 대답했지요.

"책 위에 엎어져 말라비틀어지는 삶은 못 견디겠어요. 그런 감옥 같은 곳으로 돌아가느니, 차라리 몸이 갈기갈기 찢기는 편이 낫다고요."

어머니는 기뻐하며 두 팔 벌려 달려가 아들을 꼭 안아 주었습니다. 그리고 남편을 쳐다보며 이렇게 말했지요.

"애가 하고 싶은 대로 놔둡시다. 죽은 박사보다 산 나귀가 낫다는 옛말도 있잖아요. 달리 재미있게 할 수 있는 일도 많을 테니 말이우."

실제로 그때 이후로 카를리노는 날이면 날마다 총과 사냥개, 예쁜 소형 짐마차에 묶여 있는 성깔 있는 말, 그리고 젊은 평민 아가씨의 꽁무니를 쫓아다녔다나 뭐라나.

가톨릭의 여성상

이제까지 엄마의 상징이 된 파스타, 본질적으로 맘마와 결부된 먹을 거리로서 파스타를 살펴보았습니다. 이탈리아 음식 문화가 그토록 훌륭하다고 보증받는 까닭도, 이탈리아인이 아름다운 성품을 갖게 된 이유도, 아내＝엄마가 가정의 수호신으로서 버티고 있었기 때문이라는 이야기였지요.

그러나 그러한 이야기가 언제까지나 통용되는 것일까요? 확실히 엄마가 언제나 집에 있으면서 아이들을 돌보고 맛있는 요리를 만들어 주는 모습을 생각하면, 어쩐지 마음이 푸근해지고 안정감이 드는 것 같습니다. 그러나 엄마가 되는 것, 주부가 되는 것만이 여성의 사회적 사명일까요? 다른 선택을 할 자유는 없을까요? 아마 그렇지는 않겠지요. 동서고금의 역사가 실제로 증명해 주듯, 남녀의 성 역할은 절대적인 것이 아니라 시대나 환경에 따라 달라질 수 있는 상대적인 것이니까요.

그렇게 생각해 보면, 파스타를 엄마의 상징으로 내세우는 이탈리아의 뿌리 깊은 관념에도 혹시 감추어진 '뒷면'이 있지 않을까요? 근대 초기까지는 그렇다 치더라도, 여성이 사회에 진출하고 공적 영역에서 활동할 권리나 자유를 주장하기 시작한 시대에 여성을 가정의 틀 안에 가두어 버리는 이미지는 좀 시대착오적인 것 아닐까요?

가톨릭교회에서는 중세부터 한결같이 여성을 차별해 왔지요. 이브의 후예인 여성은 하나같이 죄에 물들어 있고 남성을 유혹해 죄에 빠뜨리는 대단히 두려운 존재이기 때문에 구원의 길이 있는지는 알 수 없지만, 하다못해 참회를 통해 예수에게 용서받은 창부 막달라 마리아를 본받아 속죄받기 위해 노력해야 한다고 말입니다. 교회법은 한편으로 남녀의 완벽한 평등을 칭송하면서도 다른 한편으로는 여성을 남성 아래에 두는 이중 잣대를 채용해 왔습니다. 다시 말해, 눈에 보이지 않는 영적 교회에서는 남녀가 평등하지만 눈에 보이는 지상의 교회에서는 불평등하다는 것입니다.

우선 여성은 성직에 임하는 것이 불가능했습니다. 또한 신성한 집무를 실행할 때 제단에 가까이 갈 수 없고 성스러운 그릇이나 천도 감히 만질 수 없었습니다. 애당초 여성은 공적인 자리에 모습을 나타내서는 안 되었고, 교회에서는 침묵해야 했습니다. 그런 고로 여성은 교회가 권장하는 바에 따라 자연히 가정에 틀어박혀 주인어른인 아버지나 남편에게 복종하고 그들을 섬기게 되었던 것입니다.

프랑스 혁명 후에도 가톨릭의 보수성은 별반 달라지지 않았습니다. 가톨릭교회는 사회운동에 뛰어들거나 협동조합을 만들어 농민의 생활을 지키고자 힘을 보태기도 했지만, 여성 해방에 대해서는 일체 언급하지 않았습니다.

부르주아 사회의 여성상

앞에서 본 것처럼 18세기부터 19세기 초에 걸쳐 옛 귀족과 신흥 시민의 일부로부터 부르주아가 탄생했습니다. 부르주아는 사회의 중심 계층으로서 무게감을 가졌고, 정치적으로도 문화적으로도 주도권을 발휘하기에 이르렀습니다. 당연하게도 부르주아는 귀족에 비하면 민주적인 태도를 지녔겠지만, 남녀 관계에 있어서는 예전의 귀족과 비등하거나 도리어 그 이상으로 보수적이었던 듯합니다.

19세기 부르주아 사회에서는 성聖과 속俗에 대해 논한 많은 학자들이 여성의 새로운 역할이나 이상적인 모습을 알리기 위해 교육 안내서를 펴냈습니다. 거기에는 놀랍게도 원래부터 시민사회의 양상을 둘러싸고 서로 대립되는 방향성을 주장하던 교회(가톨릭주의)와 새로운 세속 문화가 한목소리를 내놓고 있습니다. 수도원 등에서 행하던 구체제 교육을 대신해 귀족이나 상류층 시민뿐 아니라 서민 여성에 대해서도 자유주의적인 교육을 해야 한다는 것입니다. 그럼에도 거기에서 이야기하는 이상적인 여성상은 순종적인 아내, 좋은 엄마, 가정에서 교육을 담당하는 사람, 신앙을 지키는 여성이었습니다.

이러한 가운데 교양 있는 여성은 사회의 불안정과 파괴를 꾀하는 눈엣가시 같은 존재였습니다. 전문직에 종사하려는 여성은 의심스러운 눈초리를 받으며 풍기가 문란한 존재라고 따돌림을 당했습니다. 입으로는 여성이 프랑스 혁명 후 새로운 사회나 시민 질서에서 중심 역할을 떠맡은 존재라고 떠들었지만, 그것은 어디까지나 가정 안에만 국한된 역할이었지요. 부르주아 윤리에 바탕을 두고 가족의 일체성을 확보하기 위해 여성은 가족의 중심이 되어 '덕이 있고 정숙한 아내, 현명해서 미래를 내다볼 줄 아는 엄마'가 될 것을 요구받았습니다. 그것은 국가와 교회가 가족을 더욱 잘 관리하기 위한 방책이기도 했지요.

파시즘 체제의 여성상

20세기에 들어왔다고 해서 이러한 상황이 단번에 바뀌지는 않았습니다. 이탈리아는 1차 세계대전 때 프랑스, 영국, 러시아, 미국을 상대로 독일, 오스트리아와 함께 싸웠습니다. 처음에는 중립을 지키려고 했지만, 1915년부터 전쟁과 대립에 휘말리기 시작했지요. 청년 저널리스트였던 무솔리니*는 전쟁 개시에 찬성했습니다.

다행히 전쟁에서는 승리를 거두었지만, 경제 및 정치 상황은 열악했으며 산업 분야는 국제 무대에서 겨룰 수 없을 정도였지요. 실업 문제가 심각해 온 나라가 파업과 데모에 휘말렸습니다. 이 시대에는 좌익 혁명 세력과 극우파가 대두했습니다. 극우파는 자기들이야말로 사회 질서를 지키는 쪽이라며 스스로의 역할을 '공산주의로 인해 나라에 망조가 들지 못하도록 저지하는 것'으로 규정했습니다.

거기에 응답하듯이 1919년 무솔리니는 밀라노에서 파시스트 정당을 창설합니다. 민족주의적인 언어로 대중을 휘어잡은 그는 선거에서 승리를 거둔 결과 정권을 잡았고, 1924년에는 두체duce(총통)의 자리에 올랐습니다. 이로써 무솔리니는 나라의 전권을 장악하고 파시즘 체제를 확립했지요. 1차 세계대전과 2차 세계대전 사이에 유럽을 중

◆ Benito Amilcare Andrea Mussolini, 1883~1945. 1922년 쿠데타로 정권을 획득하고 1943년까지 이탈리아 총통을 역임했다. 히틀러와 더불어 대표적인 파시즘적 독재자로, 1940년에 일본, 독일과 삼국 군사동맹을 체결하고 연합군에 대항했으나 2차 세계대전에서 패한 뒤 자국 빨치산에게 피살되었다.

심으로 퍼져 나간 파시즘은 국민의 감정에 호소해 국수주의적 사상을 선동하는 운동이나 정치 체제를 가리킵니다. 일반적으로 의회정치 부정, 일당독재, 시민적 자유의 억압, 대외 침략 같은 정치적인 특색을 띱니다.

무솔리니는 가톨릭을 이탈리아의 유일한 종교로 인정하고 교황과 라테란 협정*을 맺습니다. 그가 통치하는 동안 개인과 단체의 자유는 서서히 억눌리고 출판과 언론의 자유도 자취를 감추었습니다. 그래서 정부에 반대하는 자들은 숙청당하는 운명에 처했습니다.

이 체제를 주로 뒷받침한 세력은 중간층, 새로운 부르주아 계급이었습니다. 또 파시스트가 관리하던 조합이나 농민 중에도 지지자가 있었지요. 초기에 실시한 민영화, 규제 완화, 세금 인하 같은 경제 정책이 효과를 거두는 바람에 공업이 발전하고 농업 생산성이 예전 수준을 회복하는 동시에 실업이 감소했습니다.

무솔리니와 그를 추종하던 이탈리아인들은 분수에 맞지 않는 야망을 키우며 아프리카에서 식민지 전쟁을 벌이거나 나치스와 손을 잡았습니다. 드디어 이탈리아는 1940년 6월 2차 세계대전에 참전합니다만, 영미 연합군에 패배하는 고배를 마시고 맙니다. 북쪽에서 침입한 독일이 로마를 점령하자 독일 점령군에 대한 오랜 저항운동이 시작되지요. 이탈리아는 1945년 4월 25일이 되어서야 전국이 해방을

◆   1929년 2월 1일에 로마 라테라노 궁전에서 무솔리니와 교황청의 가스파리 추기경 사이에 조인한 협정. 이로써 1870년 이탈리아군이 로마를 점령한 이후 50년 정도 계속된 국가와 교회의 대립은 종지부를 찍었다.

맞이합니다.

그런데 파시스트 체제를 지지한 계층이 신흥 부르주아였다는 점에서도 알 수 있듯이 파시스트는 교회의 보수적인 입장에 동조해서 여성의 사회 진출을 부정했습니다. 이탈리아 사회는 도시화와 3차 산업의 발전으로 어느 정도 사회에 진출하기 시작한 여성을 비판하면서 또다시 1차 세계대전 이전에 지배적이었던 남녀 성 역할의 전통으로 되돌아가고자 했습니다.

무솔리니는 바람직한 여성의 조건을 새삼스레 '아내, 어머니, 누이'로 삼는 캠페인을 벌이기 시작했지요. 여성이 가정 밖에서 일하는 것을 제한하기 위해 숱한 '조치'를 공표했습니다. 정치 체제의 눈으로 볼 때 여성은 가정 정책의 핵심이었으니까요. 무솔리니는 여성을 집 안에 가두고 가족이 필요로 하는 갖가지 일을 만족스럽게 해낼 책임자로 삼았습니다.

파스타와 여성

자, 파스타 이야기로 돌아가 볼까요? 아주 최근까지 대다수 이탈리아 사람이 믿고 있던 여성관, 즉 여성=어머니는 가정의 수호자이며 요리(특히 파스타)는 그런 어머니의 애정을 상징한다는 사고방식은 근대적 부르주아 사회의 정치, 종교, 사회 이데올로기를 바탕에 깔고 있습니다. 그래서 '이득을 보는' 사람이 있는 반면, 입에 발린 회유에 교묘하게 넘어가 '손해를 보는' 사람도 적지 않습니다.

분명 이러한 남녀 차별에 의식적으로 맞서고자 하는 우먼 리브* 같은 운동도 있었습니다. 물론 그렇게 싸우지 않더라도 세계 문명이 진화함에 따라 유럽에서 가장 보수적인 나라인 이탈리아 안에서도 남녀 관계의 양상은 서서히 변해 갈 것이며 지금도 변하는 중입니다. 그 과정에서 실질적인 생활 형태가 바뀌어 간다면, 아까 말한 부르주아 이데올로기(상징이나 이야기)도 더 이상 쓸모가 없어지거나 왕년에 좋았던 시절을 떠올리게 하는 동화나 전설 같은 이야기가 되겠지요?

◆　여성 해방(women's liberation)의 약칭으로, 1960년대 후반 이후 미국을 비롯한 선진 자본주의 국가에서 여성 해방과 자립을 목표로 일어난 새로운 이론과 운동을 말한다.

6장

파스타의 적대자들

19세기 말 서민의 식사

3장에서 중세부터 근세에 걸쳐 굶주림과 싸우는 가난한 농민의 모습을 살펴봤습니다만, 이후 그들은 어떻게 되었을까요? 그들이 파스타를 배가 터질 만큼은 아니더라도 일상적으로 맛볼 수 있게 된 것은 언제쯤이었을까요?

1870년대 실시한 조사에 따르면, 이탈리아 농촌 어디에서든 부유한 사람은 밀가루 빵(흰 빵)을 손에 넣을 수 있었던 듯합니다. 반면, 북쪽 지방의 빈민은 보리, 귀리, 메밀, 조 등의 가루를 혼합한 빵이나 폴렌타로 고픈 배를 달래야 했으며, 남쪽 지방으로 가면 폴렌타를 찾아볼 수 없는 대신 거무튀튀한 빵을 주식으로 삼았습니다.

1892년에 페라라 지방의 코나 마을에 사는 39세 일용직 노동자를 대상으로 설문을 실시했습니다. 그에게는 아내(38세)와 아들(14세)이 있었는데, 설문을 통해 다음과 같은 식생활이 밝혀졌습니다. 3월에는 주로 옥수수로 만든 폴렌타를 먹고 때로는 조 가루로 만든 폴렌타에 강낭콩과 청어를 먹었습니다만, 8월에는 빵과 파스타를 주로 먹으면서 3월의 세 배에 달하는 강낭콩을 비롯해 수박, 치즈 및 종이에 싸서

1900년대 농민의 식사

구운 기름기 많은 참치를 곁들였습니다. 이 설문은 계절에 따라 식사 메뉴가 크게 달라진다는 사실을 보여 줍니다.

19세기 후반이 되면 폴렌타나 파스타를 언제든 먹을 수 있었지만, 밀로 만든 파스타는 농민이나 빈민이 일 년 내내 먹을 수 있는 게 아니었습니다. 오히려 도시에 거주하는 중산층 이상의 사람들이 파스타를 더욱 자주 먹었을 것입니다.

여전히 먼 파스타

일본의 역사학자 기타무라 아케오 씨에 따르면, 근대 이탈리아에서는 다음과 같은 사태가 진행되고 있었던 것 같습니다.(『천 개의 이탈리아─

다양함과 풍요로움의 근대』참조.)

유럽 여러 지역에서 농업 혁명이 일어난 18세기 이후로는 돌려짓기(땅심을 높이기 위해 같은 땅에 주기적으로 여러 작물을 바꿔 심는 방법―옮긴이) 농사가 표준이 되어 곡물 생산량이 비약적으로 증대하는 한편, 일 년 내내 가축을 사육할 수 있게 되었습니다. 그런데 대농장화가 이루어지면서 농업의 근대화와 동시에 자본주의화가 진행됩니다. 대토지 소유자로부터 땅을 빌린 농업 경영자가 농업 노동자를 고용해 토지를 경작하는 방식이 일반화하는 것이지요. 그러자 이탈리아는 문제에 부딪치고 맙니다. 다시 말해 기후와 지형, 풍토 조건이 지역마다 천차만별인 이탈리아에서는 아무래도 농업 혁명이 일어날 수 없었는데, 그 바람에 이탈리아는 유럽에서 농업 후진국으로 전락해 버립니다. 19세기에서 20세기 전반까지 이런 사태가 계속 이어집니다.

물론 밀은 농촌의 가장 소중한 생산물입니다. 하지만 이 시기 농촌에서는 파스타는 물론이고 밀을 재료로 만드는 빵도 맛보기가 상당히 힘들었습니다. 11~12세기 시칠리아나 제노바, 중세 말기와 르네상스 시대의 토스카나, 17세기 이후의 나폴리, 국가 통일을 이룬 이탈리아 전국 등 여러 시기나 장소에 걸쳐 파스타는 대단히 널리 보급되었다…… 이제까지 이 책에는 이런 인상을 풍기는 서술이 꽤 있었을지도 모르겠습니다. 그러나 아무래도 현실적으로는 민중이 일상적인 음식으로 매일같이 파스타를 먹을 수 있었던 것은 아닐 것입니다. 근세부터 근대까지 파스타가 세력을 넓혔다고는 해도(17세기 이후의 나폴리를 제외하고) 아마도 도시 부유층이나 중간 계층은 되어야 매일 파스타를 먹을 수 있었겠지요. 국민 대다수를 차지하는 농민이 일상적으로 파스타나 빵을 먹거나 파스타가 국민 음식으로 자리를 잡는 것은 20세기 후반까지 기다려야 합니다.

농민은 변함없이 보통 잡곡 빵을 주식으로 삼았고, 옥수수 도입 후에야 북이탈리아에서는 폴렌타를 주식으로 먹을 수 있었습니다. 육류는 기껏해야 질이 좋지 않은 살라미salami(생고기에 마늘, 소금, 향신료 등으로 간하고 차게 말린 소시지—옮긴이) 정도를 겨우 맛볼 수 있었습니다. 콩, 감자, 조를 주로 먹는 지방도 있었지요. 토스카나의 소작농은 밭에서 나는 과일이나 가금류도 먹었고, 롬바르디아 시골에서는 폴렌타 외에도 미네스트라, 개구리 등을 먹었습니다. 한마디로 고기는 부자들만 먹을 수 있는 진미였고, 파스타도 마찬가지였습니다.

19세기 농촌의 빈곤

농민과 민중의 가난한 식사는 근대에 들어와 더욱 악화된 게 아닐까요? 그래서 중세부터 18세기 정도까지는 비교적 순조롭게 진행되던 파스타 보급이 19세기에 들어와 일단 주춤하고 만 것은 아닐까요?

기타무라 아케오 씨에 따르면, 19세기 이탈리아 농촌에서 인구가 급격하게 증가해 농민은 기아에 직면합니다. 어느 통계를 참고하면,

19세기 초에 1,800만 명이었던 인구가 1901년에 3,400만 명으로 늘어납니다. 공중위생 보급과 의료 발전으로 사망률이 감소해 인구는 늘어났지만, 그 바람에 농민들은 농업 불황 속에서 가족을 부양하기가 더 힘들어졌습니다.

19세기에 이탈리아의 토지 소유 양상이 변화한 것도 이러한 상황과 관련이 있습니다. 다른 나라와 마찬가지로 이탈리아에서도 영주로부터 대규모 농장을 빌린 차지인(부르주아, 상위 평민)이 불리한 조건으로 임금 노동자와 고용 계약을 맺어 일을 시켰습니다. 그렇게 되면서 농민들이 공동으로 이용하던 삼림 등의 공유지도 사유화되어 갑니다. 농민은 삼림 자원의 이용 등 기존의 많은 권리를 상실하고, 빈부 격차가 벌어지면서 대대적으로 빈곤화가 발생합니다.

19세기 말부터 20세기 초에 걸쳐 경제적 상황이 나아지면서 식생활의 위기를 겨우 면할 수 있게 됩니다. 옥수수만 먹으면 발병하는 펠라그라(니코틴산 결핍으로 햇빛에 노출된 손발과 얼굴에 염증이 생기고 심해지면 소화기관을 못 쓰게 되는 병)의 위험에서 벗어날 수 있도록 영양이 더 풍부하고 전통적인 밀 음식을 먹기 시작한 것입니다. 다른 잡곡은 잊혀 가지만, 밀로 만든 빵과 파스타는 점차로 확고한 지위를 다져 나갑니다.

파시즘이 바꾼 음식 문화

19세기 말부터 20세기 중반에 걸쳐 당국은 국민의 식단을 조사하거나 의사를 통해 영양 결핍으로 생기는 질병을 조사하는 일 등을 왕성하게 추진합니다. 아울러 강력한 국가 주권을 배경으로 기아 극복을 위해 적극 힘썼습니다. 특히 이 운동을 강력하게 밀어붙인 것은 파시즘 시기였습니다. 민족주의의 요소가 되는 먹을거리를 가리켜 국민식이라고 하면서, 이를 내세워 사회를 아래로부터 균등화하려는 시도가 이루어졌습니다. 여기에 가장 커다란 공을 세운 것이 바로 군대 제도였지요.

특히 1차 세계대전을 치르는 4년 동안, 전쟁으로 징병당해 병사가 된 농민들에게 군대는 기존의 식생활을 바꾸는 계기를 마련해 주었지요. 한마디로 군대에 뽑혀 나감으로써 농민은 영양을 풍부하게 섭취하는 식습관을 기를 수 있었고, 그 결과 펠라그라가 감소했던 것입니다. 또한 전후에 생산력이 향상된 덕분에 밀가루 빵, 달걀, 우유, 유제품, 고기도 먹을 수 있게 되었습니다. 호화스럽고 풍족하게 먹는 꿈은 이룰 수 없었다고 해도, 고기는 점차 분에 넘치거나 특별한 먹을거리의 자리에서 내려왔습니다. 굶주림과 영양실조는 차츰 과거사가 되어 갔지요.

이리하여 1920~1930년대 파시스트 국가는 농민의 요리법을 국민 전체가 따르게끔 하는 동시에 국산품 애용(농업의 독립), 건강 유지,

인구 증가라는 세 가지 목표를 '국민'이 추구해야 할 바로 삼았고, 어느 정도 그 목표를 달성했습니다. 파시즘 체제의 영양학자는 자양분이 풍부한 빵과 올리브유야말로 농촌화된 국가 전체의 소명이자 운명이라고 주장했지요. 파시즘 체제는 이탈리아인의 자유를 박탈하는 억압적인 정치였지만, 기묘하게도 식생활에 있어서는 이탈리아 음식의 본질을 파악하고 있었다고 할 수 있습니다.

파시즘 체제가 무너져도 파시즘의 이상은 살아남았습니다. 이윽고 빵, 파스타, 올리브유 등을 기본으로 고기, 생선, 채소, 유제품을 훌륭하게 안배한 이탈리아 요리는 맛있고 균형 잡힌 요리로서 기아에서 해방된 이탈리아인들의 몸을 챙겼습니다. 이리하여 지방 요리와 상호 보완하며 국민식이 완성되어 갑니다. 4장에서 설명한 아르투시의 꿈이 반세기를 지나 드디어 이루어진 것일지도 모릅니다.

파스타의 3대 위기

파스타는 이제야 보통 사람들의 식탁에 일상적으로 올라오는 요리가 되었지만, 그러한 흐름에 역행해 모든 이의 '꿈'이었던 파스타를 파괴하려는 움직임이 나타납니다. 여기에서는 시각을 약간 바꾸어 근대에서 현대에 이르기까지 파스타를 부정하고 파스타에 위기를 초래한 움직임을 살펴보기로 하지요.

그러한 움직임은 세 가지 정도로 볼 수 있습니다. 하나는 미국과의 관계입니다. 이탈리아는 19세기부터 이민 운동을 통해 미국과 관계의 싹을 틔웠고, 두 차례 대전을 겪으며 더욱 복잡하게 얽혔습니다. 미국을 동경한 나머지 파스타를 어쩐지 촌스럽고 영양가 없는 음식이라고 생각하게 된 것입니다. 두 번째는 19세기 말부터 1920년대까지 문화와 사상운동으로 일어난 '미래주의'의 영향입니다. 마지막 세 번째 움직임은 이탈리아의 여성 문제나 생활 및 음식 스타일의 변화로 인한 위기를 들 수 있습니다.

빈곤과 미국 이민

'미국'과의 관계에서는 우선 '이민'을 통한 인구 이동에 주목해 봅시다. 이것은 세계의 음식 문화를 생각할 때 아주 흥미롭고도 시사점이 많습니다.

시대를 조금 거꾸로 돌려 볼까요? 이탈리아는 1861년이라는 아주 늦은 시기에 국가 통일을 이룩했습니다. 국가 통일은 이탈리아 사람들의 비장한 소원이었기 때문에 아주 축하할 만한 일이었지만, 그렇다고 해서 사람들의 생활이 금방 나아지는 것은 아니었지요. 확실히 도시화와 공업화는 진척되었지만, 그에 따른 부작용으로 기존의 수공업 종사자들이 일자리를 잃으면서 도리어 많은 사람들의 삶이 팍팍해진 것입니다. 게다가 북방 유럽 등지에서 값싼 공산품이 흘러들어 오면서 타격은 몇 배 더 심해졌지요.

남부의 농민들은 예전과 다름없이 무거운 세금과 통제로 인해 헐떡였고, 설상가상으로 외국에서 값싼 밀이 쏟아져 들어와 상황은 점점 더 비참해졌습니다. 아까 보았듯 인구가 급증해 먹을 입만 늘어나는 지경이니, 결국 일자리가 부족한 이탈리아 국내에서는 가족을 부양할 수 없는 남자들, 특히 남부 지역 사람들이 해외로 눈을 돌려 신천지를 찾아 나섰습니다.

요즘에는 주로 아시아계나 아프리카계 이민이 문제시됩니다만, 19세기 전반부터 1차 세계대전이 일어날 때까지는 유럽 내 이민이나 유럽에서 미국으로 건너가는 이민 현상이 두드러졌습니다. 적지 않은 이탈리아 사람이 특히 미국으로 향했습니다.

우선 1880년대부터 남이탈리아에서 대대적인 이민이 시작됩니다. 최초에 이런 움직임은 칼라브리아, 캄파니아, 풀리아, 바실리카타 같은 반도 남부 지방에서 일어났지만, 곧이어 1900년 이후에는 시칠리아까지 확대되어 실로 엑소더스(대탈주) 같은 분위기였지요. 1876~1924년에는 450만 명 이상이 미국으로 떠났습니다. 그중 200만 명 이상이 1901~1910년 사이에 집중적으로 이민을 떠난 점에도 주목해야 합니다. 물론 미합중국 이외에 유럽이나 남미도 주요한 이민지였습니다.

이탈리아인에 대한 차별

1910년 이후에는 한 집안의 가장만 돈벌이를 떠나는 것이 아니라, 가족을 이끌고 머나먼 타국에 둥지를 틀기 시작합니다. 가족이 모두 보따리를 싸서 이주하는 형태가 주류를 이룬 것이지요. 이민을 간 지역에서는 고국의 같은 마을 출신자들이 한데 어울려 생활했기 때문에 지역적 특징이 짙은 농민 문화를 그대로 옮겨 놓은 듯했습니다. 실로 '캄파닐리스모'의 면모를 확실하게 띠었던 것입니다.

대개 건설 현장, 철도, 광산, 기타 공공사업의 계절노동자로 일하던 이탈리아 이민자들은 주택에 입주하거나 일자리를 얻을 때 차별을 받았습니다. 이탈리아 사람을 혐오하고 배제하려 한 미국인들에게 린치를 당하거나 협박과 폭력으로 희생당하는 사람도 적지 않았습니다. 사이비 과학인 우생학과 사회 진화론에 편승해 이탈리아인을 열등한 인종이라고 논하는 사람도 있었지요.

비난받은 이민자의 식생활

그러면 미국에 건너온 이탈리아 이민자들은 어떤 식생활을 영위했을까요? 그들은 굳건하게 이탈리아 출신 지역의 음식 문화를 고수하려고 했는데, 험난한 생활 조건으로 인해 식생활이 매우 소박했습니

222

뉴욕의 리틀 이탈리아(1900년)

다. 대개는 렌틸콩, 누에콩, 완두콩, 옥수수, 토마토, 양파, 잎채소 등을 중심으로 한 단순한 농민 요리를 즐겨 먹었고, 빵은 거칠고 조악한 검은 빵을 주로 먹었으며, 파스타는 맛보기 힘든 진귀한 음식이었지요.(이는 참으로 당시 이탈리아 농촌 상황과 똑같습니다.) 축제나 잔치 등 일년에 두세 번만 고기를 먹었지만, 경제적 상황이 나아지면서 파스타, 고기, 설탕, 커피 등을 자주 즐길 수 있게 되었습니다.

　파스타를 자주 먹는 남이탈리아 출신 이민자는 '마카로니'라고 불리면서 조롱을 당했습니다. 이러한 식생활의 '악영향'을 두려워한 당국은 집집마다 사회 감찰관이나 사회 복지사를 보내 미국의 식생활에 동화하도록 권장했습니다. 이민자 아동의 식사를 조사해서는 그것이 빈약하고 부적절한 음식이라고 멋대로 규정하고, 고기와 우유를 먹도록 적극 장려했던 것입니다.

나아가 학회지나 일반 잡지에서는 전문가의 권위를 빌려 심심치 않게 이탈리아 이민자들의 식사가 몸에 좋지 않다고 비판했습니다. 냄비에서 고기나 채소를 함께 조리하거나 파스타와 미네스트로네를 고봉으로 담아내는 일, 또는 잡탕으로 푹 고아 끓이는 요리법 등은 개별 식품의 영양소를 파괴하며 소화도 잘 안 된다고 지적했지요. 사회 감찰관은 식생활 말고도 교육열이 높지 않은 이탈리아 이민자 부모들의 태도 및 건강하지 않은 생활 모습을 면밀히 관찰했습니다. 이런 식으로 미국 당국은 20세기 전반까지 계속해서 이민자들을 계몽하려 들었습니다.

그리하여 미국에서 파스타를 중심으로 한 이탈리아 요리는 좀처럼 받아들여지지 않았습니다. 물론 나중에는 이탈리아의 음식 문화가 미국을 석권해 피자나 파스타가 미국 음식의 대표 주자가 되지만요. 그래도 오랫동안 파스타는 신천지에서 고기 요리에 따라 나오는 부차적인 '곁들이'에 머물렀습니다.

유럽으로 퍼진 미국 신화

이민자를 대거 미국으로 떠나보낸 이탈리아 본국의 '미국 신화'는 먹을거리에 어떤 영향을 미쳤을까요?

이탈리아에서 미국을 이상향으로 여기는 심리나 행동, 습관의 뿌리는 꽤 이전 시대로 거슬러 올라갑니다. 문학 작품이 증언하는 바를 살펴보면, 1830년대 그리고 1870년대에도 지식인 사이에서 자유의 나라 미국을 동경하는 풍조가 감돌았습니다. 맨 처음 그런 분위기가 자리 잡은 것은 19세기 말과 20세기 초쯤이었지요. 그러나 19세기 말 이탈리아에서 통용되던 미국의 이미지는 거의 대부분 부유하고 교양 있는 미국인이 미리 연출해 놓은 것이었습니다. 그들은 미국을 방문한 이탈리아 지식인이나 예술가의 교류 상대이기도 했습니다. 그들과 접촉하면서 오로지 미국의 좋은 점만 보려고 했던 이탈리아 지식인들이 구미에 당기는 대로 미국을 소개했기 때문에 미국의 이미지는 왜곡된 것일 수밖에 없었지요.

19세기 말부터 이탈리아뿐만 아니라 유럽 각국으로 미국에 대한 상투적인 이미지가 퍼집니다. 이는 다시 말해 '평등 사회'라거나 '자유의 나라'라는 이미지가 정체된 유럽 사회에 해독제 역할을 했다는 뜻입니다. 지식인들은 일반 서민들이 품은 막연한 동경을 공유하는 데 머무르지 않고, '현대적', '새로움', '빠름', '기발함', '자유', '민주주의', '무한한 가능성', '여성 해방' 같은 키워드를 가지고 꿈꾸는 세계를 논했습니다.

이렇게 해서 이탈리아에서는 이 시기부터 20세기 초에 걸쳐 미국에 대한 환상이 횡행하면서 '아메리칸드림'이 인기를 누립니다. 경제 발전과 자유를 구가할 수 있는 꿈의 나라라는 이미지는 확고해졌을 뿐 아니라, 1차 세계대전이 끝날 때까지 점점 더 왜곡되고 확대되어

갑니다.

이미 세계를 주도하는 힘을 잃어버린 유럽에 비해 미국은 경제적으로나 문화적으로 또 정신적으로도 패권을 쥐고 있었기 때문이지요. 그래서 '고대의 바다'인 지중해와는 대조적으로 대서양은 '신세계의 바다' '미래의 바다'가 되었습니다. 어쩐지 풍요롭고 기묘한 것, 미지의 것이 그 바다 저편에 있는 느낌이지요.

미합중국이 성립하기까지 신대륙이란 식민지를 의미했고, 그곳은 구대륙으로 물자를 가지고 들어오는 공급원이었습니다. 그러나 미국 건국 이후의 새로운 단계에서는 사람들이 그곳에서 '미래'를 내다보았습니다. 미국으로 수많은 이민자가 건너간 것도 이러한 '동경'과 연관이 있습니다.

전후의 미국 숭배

2차 세계대전부터 1950년대 이탈리아에서는 점점 더 미국의 존재감이 커지고 프래그머티즘pragmatism(미국풍 실용주의), 경쟁, 복지, 개인의 확립, 근대화 같은 가치가 하나의 목표로 성립합니다. 이탈리아는 1940년 6월에 독일 편을 들어 2차 세계대전에 참전했다가 패배의 고배를 마시는데, 1940년대 미군이 주둔한 것도 이탈리아 사회에 커다란 충격을 안겨 주었습니다. 군대가 마치 보란 듯이 풍부한 물자를 받

아 쓰는 모습이 사람들의 눈에 비쳤
기 때문입니다. 그렇게 해서 1950년
대부터는 미국풍 생활양식과 관습이
생활 속으로 더욱더 깊이 침투해 갑
니다.

영화감독인 스테노Steno(본명은
스테파노 반치나Stefano Vanzina로 이탈
리아풍 코미디를 개척한 인물—옮긴이)는
1954년에 「로마의 미국인」이라는 영
화에서 이러한 이탈리아의 미국 숭배
를 패러디했습니다.

「로마의 미국인」 포스터

이 작품에서 배우 알베르토 소르디Alberto Sordi가 연기한 나르도는
요령도 직업도 없는 별 볼일 없는 젊은이인데, 허파에 미국 바람이 잔
뜩 들어 미국식 생활을 추구하면서 무엇이든 미국풍으로 이름을 붙여
부릅니다. 소르디는 스파게티를 미국풍으로 '마카로니'라고 부르는
데, 이런 묘사는 2차 세계대전의 비극에서 빠져나온 이탈리아의 선량
하고 양순한 영혼을 상징합니다.

이 시기에는 미국의 먹을거리야말로 일상적인 미국화를 상징한다
고 여겨졌습니다. 미국적 음식을 대표한 것은 바로 햄버거, 핫도그, 코
카콜라, 밀크셰이크 같은 패스트푸드입니다. 사람들은 미국 영화나 텔
레비전을 통해 할리우드 스타가 손가락 사이에 담배를 끼우고 독특한

모양으로 연기를 내뿜으면서 폼을 잡는다거나 패스트푸드를 먹으면서 뭔가를 하는 장면에 익숙해졌습니다. 거기에 비교 대상이 되는 이탈리아 요리는 하나같이 '영 마땅치 않게' 여겨졌지요.

이렇게 이탈리아에서는 모델로 삼은 미국을 동경하면서 전후 부흥과 근대화를 수행하려고 했습니다. 다행히 그 과정은 그다지 지속적이지는 않았던 것 같지만요. 일본도 마찬가지지만, 이탈리아 젊은이들은 미국을 우러러봤습니다. 이는 유럽의 다른 나라, 이를테면 프랑스가 영미에 대항해 어디까지나 자국의 문화적 우수성을 주장하고 영어의 침투를 막아 내고자 기를 쓴 것과는 천양지차라고 해야겠지요. 국민성의 차이인지, 아니면 일본도 같은 패전국이라는 슬픔을 껴안고 있어서인지, 한번 곰곰이 생각해 봐야 할 문제인 듯합니다.

이렇게 미국 신화와 미국 숭배의 조류가 휩쓰는 가운데, 먹을거리와 요리법도 미국풍을 따르자고 하는 사람들이 상당수 있었습니다. 그 여파로 이탈리아의 주식인 '파스타'를 뒤떨어진 나라의 보잘것없는 음식으로 규정하고 제한하려는 움직임이 생겨납니다. 마치 이탈리아 본국의 엘리트가 미국의 사회 감찰관 역할을 고스란히 물려받아 설교를 늘어놓는다고나 할까요. 그러나 유구한 2,000년 역사를 통해 자연과의 조화를 바탕으로 이탈리아에 오롯이 뿌리를 내린 파스타를 금지하는 일이 그렇게 간단하게 이루어질 리 없습니다. 이탈리아식 음식 문화는 얼마 되지 않아 곧 숨이 돌아왔고, 미국은 물론 다른 나라 식문화의 침입도 씩씩하게 물리쳤습니다.

미래파 선언

다음으로 다룰 파스타에 대한 위협
은 지식층의 문화 및 사상운동입니
다. 특히 '미래파'라 일컫는 운동에
주목해야 합니다.

미래파란 국가 통일을 이룬 지
얼마 되지 않은 20세기 초엽에 이제
껏 지역주의가 판을 치던 이탈리아
에서 프랑스의 인상파나 입체파에

미래파 시인 필리포 마리네티

영향을 받아 태어난 전위 예술 운동입니다. 미래파의 지도자인 필리
포 마리네티´는 속도와 역동성을 동경하고 도시 생활과 기계 문명을
예찬했습니다.

당시 젊은 예술가들은 마리네티의 호소에 동조하면서 몇 가지나
되는 '선언'을 발표했습니다. 문학에서 시작해 회화, 건축, 조각, 음
악, 사진, 연극, 영화, 패션, 그리고 요리로 퍼져 나간 선언은 문화와
생활 전반으로 널리 확대되었습니다. 미래파는 아주 독특한 문화 운
동으로서 이채로움을 띠었으며, 유럽, 러시아, 미국, 일본에까지 영향
을 미치기도 했습니다. 오늘날에도 높이 평가해야 할 부분은 분명히

◆　　Filippo Tommaso Emilio Marinetti, 1876~1944. 소설가이자 시인으로 1909년에 파리 일간지 『르 피
가로』에 '미래파 선언'을 발표했다.

있지만, 동시에 한계도 뚜렷했지요.

미래파는 기계 문명에 대한 동경에서 영감을 얻어 예술과 생활 속에 과학기술을 도입하자는 과격한 주장을 펼쳤습니다. "격렬한 전기 달빛이 타오르는 무기고와 조선소의 전율하는 밤의 열정을, 강철로 만들어진 거대한 말 같은 증기 기관차를, 그리고 열광하는 군중의 갈채 같은 소리를 내며 활주하는 비행기를 칭송하자." 이는 저 유명한 '미래파 선언'에 나오는 한 구절입니다. 이 책과 관련해 특히 주목할 것은 '미래파 요리 선언'입니다. 이것은 1930년 12월 28일 토리노의 『가제타 델 포폴로』에 실렸습니다.

타도 파스타!

'미래파 요리 선언'에서 필리포 마리네티는 예술이나 과학 영역에서 그랬듯 식사와 향연에 대해서도 미래파가 주장하던 '공기처럼 가벼운' 신철학을 문장으로 표현했습니다. 마리네티와 그의 동료들, 그리고 빠르고도 역동적이며 가벼운 식사를 주장하는 사람들에게 가장 먼저 타도해야 할 음식은 바로 '파스타'였습니다. 파스타야말로 이탈리아의 습속과 윤리를 타락시킨 장본인이었으니까요. 마리네티는 파스타에 영양이 없다는 것을 '과학적'으로 힘주어 말하고, 칼로리나 비타민을 충분히 섭취하고 오감을 만족시키는 먹음직스러운 고기와 생선 요리를 소개하고 있습니다.

그럼 잠깐 인용해 볼까요?

(전략) 우리 미래파는 앞으로 일어날 전쟁에서 승리하는 쪽은 훨씬 몸이 가볍고 민첩한 국민일 것이라고 믿는다. 그래서 우선 자유로운 언어와 동시적 문체로 세계문학을 날쌔고 발랄하게 만들고, 깜짝 놀랄 만한 무논리의 종합이나 무기물의 드라마로 극장에서 따분함을 몰아냈다. 또한, 반사실주의를 통해서 조형 미술을 무한하게 확장하고 장식적 경향을 배제한 화려하고 기하학적인 건축 및 추상적인 영화나 사진을 창조해 왔다. 이제는 더욱더 경쾌하고 신속한 생활에 알맞은 식문화를 구축할 차례다.

우선 처음으로 우리가 필요하다고 믿는 바는,

(a) 이탈리아인의 식습관 중 부조리한 신앙이라고 할 파스타를 없앨 것.

아마도 영국인에게는 말린 대구, 로스트비프, 푸딩, 네덜란드인에게는 구운 고기에 치즈를 얹은 요리, 독일인에게는 사우어크라우트sauerkraut(절인 양배추), 베이컨, 코테키노cotechino(기름기 많은 돼지고기로 만든 이탈리아식 소시지—옮긴이)가 좋을 것이다. 그러나 이탈리아인에게 파스타는 좋지 않다. 파스타는 나폴리인의 날카롭고 활기 있는 정신이나 정열 넘치고 관용적이며 직감적인 기질을 저해한다. 나폴리 시민들은 매일 많은 양의 파스타를 먹고 있지만, 옛날에는 용감한 전사이자 영감에 이끌리는 예술가였으며, 압도적인 변론가이자 눈에 핏발을 세우는 변호사였으며, 고집스러운 농민이었다. 그러나 그들은 줄곧 파스타를 먹는 동안 종종 자신의 열광적인 기질을 잘라 내 버리고, 배배 꼬인 채 감정을 내세우는 전형적인 회의주의자가 되어 버렸다.

총명한 나폴리인 교수 시뇨렐리 박사는 이렇게 쓰고 있다.

"빵이나 쌀과 달리 파스타는 씹지 않고 그대로 삼켜 버리는 음식이다. 전분질로 이루어진 이 먹을거리는 태반이 입안에서 타액으로 소화되어 버리며 췌장이나 간장에서 일어나는 물질 변화 작용을 그다지 필요로 하지 않는다. 그래서 장기 기능 부전을 일으키고 몸 상태의 균형을 무너뜨려 무기력이나 비관주의, 복고주의에 빠진 무위, 중립주의를 초래하는 것이다."

파스타는 영양적인 측면에서 고기, 생선, 콩류보다 40퍼센트나 뒤떨어지는데도, 이탈리아인들은 언제 풀릴지 모르는 파스타의 주박에 오랫동안 얽매여 왔다. 마치 페넬로페가 늑장을 부려 끝낼 수 없었던 베틀 짜기*나 바람을 찾아 머무르는 범선처럼……. 망망하게 밀려오는 높은 파도나 낮은 파도를 타고 대양이나 대륙으로 뻗어 나간 이탈리아 사람의 재능을, 라디오나 텔레비전으로 온 세계에 소개되는 아름다운 풍광과 평판이 자자한 경관을, 어찌하여 무거운 영혼으로 아직도 방해하려고 하는가? 파스타를 옹호하는 자들은 종신형을 받은 죄인이나 고고학자처럼 위 속에 무거운 파스타로 만들어진 쇠공 달린 차꼬나 낡은 유물을 차고 있는 것과 같다. 유념해 둘 것은 파스타를 없애는 일이 비싼 외국산 밀로부터 이탈

◆　그리스 신화의 영웅 오디세우스의 아내인 페넬로페는 남편이 트로이 원정을 떠난 20년 동안 자신에게 청혼해 오는 구혼자들에게 지금 짜고 있는 자수가 완성되면 결혼하겠다고 약속하고는 낮에 짠 천을 밤에 풀어 시간을 벌면서 정절을 지켰다.

리아를 해방하고, 이탈리아 쌀 산업을 도울 것이라는 점이다. (중략)

완벽한 식사란 다음과 같은 요건을 갖추어야 한다.

1. 요리의 맛과 색이 식탁(크리스털 식기, 도자기, 장식품)과 독창적인 조화
   를 이룰 것

2. 요리의 절대적인 독창성 (중략)

3. 복합적으로 맛있는 조형물의 창조, 즉 입을 매혹하기 전에 상상력을
   자극하고 모양과 색의 독창적인 조화로 눈을 즐겁게 하라.

이를테면 미래파 화가 필리아[**]가 창조한 '조형적 고기 요리'Carneplastico
를 예로 들 수 있다. 이것은 이탈리아 풍경을 종합적으로 해석한 것인데,
11종의 야채와 송아지 고기를 조리해 커다란 원통형으로 구운 완자다.
원통형 완자는 접시 한가운데에 수직으로 배치한다. 위에다 벌꿀을 듬뿍
쏟아 붓고, 아래쪽은 노릇노릇 먹음직하게 구운 닭고기 공 세 덩이와 소
시지 링으로 떠받친다.

또 다른 예로, 먹을 수 있는 복합적 조형물인 '적도+북극'Equatore+Polo
Nord은 엔리코 프람폴리니[***]의 손에서 탄생했다. 적도 부근의 바다를 나
타내는 달걀노른자 옆에 굴을 놓고 소금, 후추, 레몬으로 맛을 낸다. 중앙
에는 힘주어 거품 낸 달걀흰자에 태양 즙을 방울방울 떨어뜨린 것 같은

[**] Fillia, 1904~1936. 본명은 루이지 콜롬보(Luigi Colombo)이다. 19세에 미래파 운동에 참여했으며, 마
리네티의 맹우이자 '미래파 항공 화가'로 불렸다.

[***] Enrico Prampolini, 1894~1956. 초기에는 미래파 화가였지만, 칸딘스키 등과 교제하면서 점차 구성
주의로 나아갔고 1935년 즈음에 '추상-창조 그룹'(Abstraction-Création)에 가담했다. 대표작으로 「콤포지
션」(1955) 등이 있다.

오렌지 조각을 잔뜩 넣어 원추형으로 쌓아 올린다. 꼭대기는 정상을 정복한 검은 비행기 모양으로 자른 검은 트뤼프 조각들로 장식한다.

조형적 미가 뛰어나고 맛이 있으면서도 색도 향기도 식감도 모두 훌륭한 요리를 완벽한 동시적 정찬이라고 한다. (후략)

이 얼마나 파스타를 못되게 깎아내리는 논조입니까? 보다시피 이 선언은 파스타 중심의 이탈리아 국민 요리를 통렬하게 비판하고 있습니다. 마리네티는 이탈리아가 전쟁에 승리하고 세계의 문화적 패권을 손에 넣으려면 자양분이 없으면서 위에 부담을 주는 상징인 파스타, 나아가 위뿐만 아니라 뇌까지도 위축시키는 '파스타'만 먹어서는 망한다고 선언하고, 새로운 시대에 어울리는 요리법을 제시합니다. 그러나 공평한 눈으로 볼 때, 과연 마리네티가 추천하는 인공적이고 기괴한 조각품 같은 요리가 식욕을 돋우는 것 같나요? 이탈리아의 미래파는 낡은 체제의 붕괴, 권력에 대한 찬미, 군국주의와 전쟁 옹호 등 파시즘과 공범 관계에 놓여 있었습니다. 심지어 파시즘 시대의 무솔리니는 이탈리아의 후진성을 상징한다는 이유로 파스타를 미워했다고 하는군요.

그러나 미래파나 파시즘이 무슨 짓을 벌이든, 파스타는 매서운 공격을 거뜬히 피해 이제는 세계를 정복해 버렸습니다. 미래파는 유감스럽게도 미래를 잘못 내다본 셈이지요. '미래파 요리 선언'에 관한 후일담이 있습니다. 이 선언을 내고 나서 얼마 지나지 않았을 때인데,

마리네티가 밀라노의 비피라는 레스토랑에서 스파게티를 볼이 미어지도록 맛있게 먹는 장면을 목격해 버린 눈들이 있었습니다. 사람들은 말과 행동이 일치하지 않는 미래파의 우두머리를 걸핏하면 웃음거리로 삼았다고 합니다. 무솔리니도 사실은 파스타를 몹시 좋아했던지, 파스타 금지 정책을 무작정 밀어붙이지는 못했습니다.

파스타보다 고기

'미국 신화'도 '미래파 선언'도 이탈리아 사람을 파스타로부터 멀리 떼어 놓으려고 의욕을 불태우며 노력했지만, 그럴 듯한 타격을 안겨 주지는 못했습니다. 각지의 식생활에 튼실하게 뿌리를 내린 파스타를 그토록 간단하게 추방할 수 없었겠지요.

그런데 최근에 진행되는 사태는 좀 심각합니다. 왜냐하면 이탈리아의 오랜 역사와 더불어 성장해 온 파스타가 역사의 거대한 흐름에 위협받는 처지로 내몰리고 있기 때문입니다. 더구나 그런 사태를 반드시 '나쁜' 흐름이라거나 막아 내야 할 흐름이라고 단정할 수 없다는 점이 더 골치가 아픕니다.

우선 하나는 이탈리아의 식생활이 다양해졌다는 것, 특히 육식이 증가하고 있다는 점입니다. 1960년대 이후 비약적 성장, 이른바 '이탈리아의 기적'이라 불리는 성과가 국민의 소득과 식사 수준을 높였습니다. 그 결과, 1968년은 급기야 일일 평균 식사 열량이 3,000킬로칼로리에 도달하는 기념비적인 해가 됩니다. 이탈리아는 부르주아 가정에서도, 농민 가정에서도, 노동자 가정에서도 일주일에 한 번쯤은 호화로운 식사를 할 수 있는 환경으로 변해 갔습니다.

그러던 중 신분이 높고 낮음을 막론하고 서서히 고기를 대량으로 섭취하게 되었습니다. 1885년에는 연간 평균 11킬로그램이었던 고기 소비량이 1955년에는 14킬로그램, 1960년에는 22킬로그램, 1975년에는 62킬로그램으로 늘어나 주요한 음식의 왕으로 등극합니다. 현재 이탈리아 요리를 꼽으라면 파스타나 피자, 미네스트라 등은 말할 것도 없고 와인, 각 지역에서 제조한 햄과 치즈, 나아가 양질의 소, 돼지, 닭 같은 육류도 매력적인 먹을거리임에 틀림없습니다. 누구나 고기를 먹을 수 있게 되었다는 것은 나쁜 일이 아니지요. 영양을 고려해 균형만 잘 잡는다면 고기도 아주 바람직한 식재료입니다. 다만, 파스타를 발전시킨 저력의 밑바탕은 식생활에서 채소와 곡물을 중시하는 태도와 관련이 깊습니다. 이탈리아에서는 전통적으로 이러한 태도가 이어져 온 데 비해 다른 유럽은 그렇지 않았다고 볼 수 있지요. 따라서 육식 편중이 채소와 곡류 경시로 이어져 이탈리아의 '음식 체계'가 변화해 버린다면, 파스타 요리는 타격을 입을 것입니다.

이와 밀접한 이야기인데, 파스타는 대지가 보내 준 선물입니다. 인간은 밀이나 메밀, 감자 같은 식물이 땅에서 얻은 양분을 맛있는 식자재로 가공하는 것이지요. 각 토양마다, 각 계절마다 색다른 재료를 공급받을 수 있기 때문에 파스타에 얹는 소스도 다양하며, 그것이 파스타의 장점을 더욱 풍성하게 키워 줍니다.

오늘날에는 식품 가공 및 보존 기술이 혁명적으로 진보하고 유통망도 세계 곳곳으로 뻗어 나가서 언제 어디서라도 계절과 무관하게 먹고 싶은 것을 먹을 수 있습니다. 마치 중세에 살던 사람들이 꿈에 그리던 '쿠카냐'가 실현된 것 같은 시대라고 할 수 있겠지요. 하지만 '먹는 일이 자연 경관이나 리듬으로부터 동떨어진 것'에 익숙해진 사람들은 대지의 선물에 감사하거나 그때그때 최고의 것을 맛보는 일에 그다지 마음을 쓰지 않게 되었습니다. 식품 제조가 공업화할수록, 또 상업 광고와 세계화의 영향으로 소비가 획일화할수록, 이런 경향은 점점 더 강해집니다. 실제로 관광지에 가서 명물 파스타를 주문해 보면, 몇몇 특정한 틀에 박힌 전형적인 파스타만 나옵니다.

이와 관련해 선진국 대열에 들어선 이탈리아에서도 농업 인구는 격감하고 있습니다. 이탈리아 통계청에 따르면, 1971년에는 농업 종사자가 20.1퍼센트였지만 1981년에는 13.3퍼센트, 1991년에는 8.4퍼센트, 2000년에는 5.3퍼센트가 되었습니다. 오싹할 기세로 줄

어든 것입니다.(『제트로 아그로트레이드 핸드북』JETRO Agrotrade Handbook*
에 따르면, 2008년 이탈리아의 농업과 임업 종사자 수는 86만 명에 그치고 있으
며, 이탈리아 통계청의 다른 통계를 보면 2000년부터 2010년 사이에 이탈리아 농
지가 8퍼센트 줄어들었습니다.) 그 대신 말한 것도 없이 서비스업(3차 산업)
인구가 증가했지요. 서비스업은 1971년 40.4퍼센트에서 2000년에
62.6퍼센트로 신장했습니다. 공업 인구는 상대적으로 감소하는 듯합
니다. 이렇게 생활 전체가 '탈자연화'하는 상황에서 음식 문화만 "자
연으로 돌아가자"고 하는 것은 무척 어려울 수밖에 없습니다.

여성의 사회 진출과 파스타

마지막으로 가정에서 식사를 준비하고 요리하는 주부의 모습도 요사
이 커다란 전환을 맞이하고 있습니다. 19세기부터 20세기 전반까지
는 5장에서 서술한 부르주아 이데올로기나 가톨릭교회의 저항으로
인해 이탈리아 여성의 사회적 진출이 뒤처졌습니다.

　2차 세계대전 후에 참정권을 얻어 법적인 평등이나 노동 조건의
평등이 이루어졌다고는 해도 곧바로 여성의 지위가 개선되지는 않았
습니다. 그런데 최근 20~30년 동안 이윽고 여성의 사회 진출이 본격

◆　　일본 농림수산물 무역의 최근 동향이나 무역 현황 등을 종합한 보고서로, JETRO는 일본무역진흥회
의 약자이다.

적인 궤도에 올랐고, 이를 뒷받침할 법률의 정비도 이루어졌습니다. 이러한 '여성 해방'은 기뻐해야 할 상황이겠지요. 분명히 오랜 시간 뭉근한 불에서 푹 익히는 요리, 그러니까 한없이 아궁이를 지켜야 하는 요리인 동시에 손이 많이 가는 수타 파스타 같은 요리는 '반여권주의적' 요리일 것입니다. 파스타 솜씨가 뛰어난 주부를 '이탈리아의 어머니'라

파스타를 만드는 남성도 늘고 있다.

고 치켜세우는 담론은 여성을 집안에 가두고 공적 세계에서 남성의 우위를 유지하고자 하는 정치와 종교의 뱃속 검은 이념 도구라고 단죄하는 목소리에도 공감합니다.

여성의 사회적 진출을 든든하게 밀어 준다는 의미에서는 눈부시게 발전하는 즉석식품, 냉동식품, 편리한 외식 산업 등이 커다란 축복입니다. 처음에는 이탈리아인들도 냉동식품이 건강을 해칠 것이라고 의심했지만, 요즘 들어 착실하게 소비량이 늘고 있는 것 같습니다.

여성의 사회 진출과 저출산 문제 등으로 가족의 모습도 예전처럼 강고하지 않을지도 모릅니다. 가족법의 개혁으로 사람과 사람의 다양한 관계와 형태가 바뀌는 제도적 변화도 일어나고 있습니다. 엄마의 맛, 가족이 모두 둘러앉아 느긋하게 밥을 먹는 식탁은 점차 자취를 감

추겠지요. 파스타의 소비가 꼭 줄어들었다고는 할 수 없지만, 어머니나 아내가 손수 파스타를 만드는 일은 줄고 있습니다. 파스타의 입맛을 고수하는 이탈리아 사람들이 일본인조차 맛있다고 여기지 않는 셀프서비스 레스토랑이나 학생 식당의 파스타처럼 대충 만든 파스타를 먹는 걸 보면, 고개를 갸웃거리게 됩니다.

두 가지 정도의 문제가 있습니다. 하나는 각 지역에서 다양한 전통 행사와 연계해 만들어 온 색다르고 진귀한 파스타가 점점 자취를 감춘다는 것이며, 또 하나는 파스타의 매력을 돋보이게 해 주는 '엄마의 맛'이 점차 사라져 간다는 것입니다. 지역적 특색을 가진 파스타는 '끝머리'에서도 언급할 '슬로푸드'가 해결의 실마리를 제공해 줄 것도 같습니다. 하지만 '엄마의 맛'에 관한 문제는 심리적으로 더욱 미묘한 측면을 안고 있지요.

이제까지 줄곧 파스타에는 어머니와의 밀접한 관계가 착 감겨 있었기 때문에 '엄마의 맛'이라는 추억이 없어진다면 분명 섭섭하게 여길 사람들도 있을 것입니다. 어쩌면 파스타의 매력이 하나 없어지는 것이니, 그 대신 다른 매력이나 다른 이야기 요소를 보태는 것도 한 가지 방법이 되겠지요.

세계 속의 파스타

스파게티를 먹는 사람 = 이탈리아인

"우리는 하나의 민족이라기보다 여기저기서 그러모은 집단이다. 그러나 점심 종이 울리면 스파게티 접시 앞에 앉는다. 이때 이 반도의 주민들은 자신이 이탈리아인이라고 자각하는 것이다……. 병역도 보통 선거(권)도—납세의 의무는 말할 것도 없고— 스파게티만큼 통합의 힘을 발휘하지 못한다. 리소르지멘토의 아버지들이 꿈꾸던 이탈리아의 통일, 오늘날 그것을 체현하는 것은 바로 파스타 아시우타인 것이다."

저명한 저널리스트인 체사레 마르키*가 한 말 그대로 파스타는 이탈리아인과 떼려야 뗄 수 없는 존재이며, 파스타의 역사는 이탈리아의 역사 그 자체라는 사실을 이제까지 살펴봤습니다. 과연 이탈리아는 자연이 풍부하고 다양한 지세를 뽐내는 땅인 것 같습니다. 고대에도 그랬고, 특히 중세부터 현대에 걸쳐 온갖 요소가 차례차례 등장해서는 서로 섞이고 뒷받침하며 남쪽과 북쪽, 지역과 지역이 서로 교차하고 교류하는 가운데 파스타는 실로 '역사'와 더불어 발전하고 분화

◆　　Cesare Marchi, 1922~1992. 이탈리아의 작가, 저널리스트이자 텔레비전 유명 인사. 위의 구절은 체사레 마르키의 저서 『우리가 식탁에 앉을 때』(Quando siamo a tavola)에서 인용한 것이다.

줄겁게 식사하는 이탈리아 가족

해 왔음을 알 수 있었습니다. 그러던 것이 민족 국가로 통일을 이루는 때를 정점으로 이탈리아와 이탈리아인이 파스타를 통해 일체화하는 모습도 살펴보았습니다.

파스타와 이탈리아 역사

간략하게 복습을 좀 해 보지요. 고대 메소포타미아에서 재배하기 시작한 밀은 그리스나 로마 시대에 가루로 빻아 주로 빵을 만드는 재료로 사용했으며, 밀가루 반죽을 라자냐처럼 만들어 먹기 시작했습니다. 중세 초기에 들어서면 밀 문명이 쇠퇴하는 대신 잡곡이나 채소 및 콩류로 만든 미네스트라가 농민의 일상적인 음식이 됩니다. 미네스트라는 음식 문화의 역사 가운데 나중에 등장하는 파스타의 바탕이나 모태가 됩니다.

본래적인 파스타, 즉 반죽을 만들 때뿐만 아니라 요리하는 단계에서도 '물과 결합'하는 파스타가 등장하는 것은 11~12세기였습니다. 한편, 건조 파스타는 시칠리아, 생파스타는 북이탈리아에서 만들기 시작해 각각 독자적으로 발전합니다. 파스타는 서민적인 요리로 출발했지만, 밀이 귀한 시절이었기에 좀처럼 일상 음식으로 보급되지는 못했습니다. 하지만 남이탈리아나 제노바에서는 파스타 제조소와 운송 상인들이 생겨나고, 또 중부와 북부의 도시에서는 파스타 길드가 형성되면서 파스타 생산은 서서히 증가합니다.

대항해 시대에는 신대륙에서 호박, 토마토, 옥수수, 감자, 향신료 등이 새롭게 건너왔습니다. 그 덕분에 파스타는 참신한 소재를 얻었을 뿐 아니라, 파스타와 어우러지는 건더기나 소스 재료도 획기적으로 바뀌었습니다. 특히 토마토소스가 탄생하면서 나폴리 시민은 17세기의 '채소 먹보'에서 '마케로니(파스타) 먹보'로 변모했으며, 나아가 파스타 제조기를 재빠르게 도입한 나폴리는 파스타 보급에 절대적인 공을 세웠습니다.

근대에 들어오면 경제 위기와 빈곤화로 인해 도리어 파스타 소비가 줄어듭니다. 그럼에도 지방마다 따로따로 발전하던 파스타는 이탈리아가 1861년에 정치적으로 통일을 이룬 뒤 식문화와 요리 분야에서 국가 통일을 담당하는 주요한 요소가 되었습니다. 20세기 전반에는 파스타가 심신 건강에 좋지 않고 국가 발전을 저해한다고 주장하는 반反파스타 운동이 있었지요. 하지만 파스타는 비난과 경멸을 극복하고 2차 세계대전 후 진정한 국민 음식으로 정착해 갑니다.

이탈리아의 파스타처럼 민족이나 국민의 역사와 발맞추어 걸으며 결국 일체화한 요리나 식재료가 또 있을까요? 세계는 넓다고 하지만 파스타에 버금가는 것을 찾기는 거의 불가능하지는 않을까 합니다. 물론 일본의 녹차나 밥도 고대부터 일본인의 생활에 없어서는 안 될 식재료였지만, 파스타만큼 손이 많이 가는 건 아니지요. 또한 파스타처럼 파란만장하게 역사와 얽히는 일은 없었습니다. 한국의 김치는 어떨까요? 한국 민족과 김치가 불가분한 관계를 맺는다는 점에서는 파스타와 비슷하지만, 사실 고춧가루를 담뿍 넣은 김치는 20세기에 들어와서야 일반화된 만큼 아주 최근의 산물입니다. 김치를 민족의 혼이 담긴 요리로 떠받드는 것은 근대적인 이데올로기의 영향이지요. 그렇다면 중국 요리는 어떨까요? 무언가 파스타 같은 것이 있을 듯한데, 주역을 맡은 요리가 한두 가지가 아니므로 하나의 소재나 요리로 수렴하는 일은 불가능할 것 같습니다. 파스타와 겨룰 만한 대항마는 인도의 카레 정도가 아닐까요?

그래서 파스타와 이탈리아 역사가 맺은 오래고도 심오하고 복잡한 관계는 세계에서도 예외적입니다. 이제 이탈리아에서 온 세계로 발돋움한 파스타는 어느 나라에서나 사랑받는 음식입니다. 파스타만큼 세계 각지로 퍼져 나가 수많은 애호가를 거느리고 있는 음식도 없습니다. 이탈리아와 정치나 문화가 별로 비슷하지도 않은 곳에서도 파스타를 먹지요. 파스타는 이렇게 이탈리아 역사의 주역에서 세계사의 주역으로 발돋움한 것입니다.

지중해식 식사

1960년대 이후, 특히 1980년대 이후에 '지중해식 식사'라는 것이 관심을 불러일으켰습니다. 더구나 최근에는 현대 사회의 부작용이라 할 만한 생활습관병을 예방하는 데 '지중해식 식사'가 효과적이라고 이야기하는 일이 점점 더 늘고 있지요. 세계 각지의 과학자들이 그 효과를 증명하고자 연구에 매진하고 있습니다. 이 식사의 특징은 에너지원의 우세한 부분을 식물로부터 섭취하는 것인데, 그중에서도 곡물과 곡물의 파생물을 중시합니다. 그러니까 빵, 파스타, 폴렌타 등을 주로 먹으면서 거기에 종종 채소나 콩류, 과일, 식물성 기름을 첨가합니다. 고기를 배제하지는 않지만 상대적으로 고기의 비중은 낮습니다.

지중해식 식사와 이탈리아 요리가 건강에 무척 도움이 된다는 것을 만천하에 알린 것은 미국의 로세토 마을*입니다. 펜실베이니아 주의 작은 공동체인 로세토는 엄청난 반향을 일으켰는데, 그곳 주민은 전부 이탈리아, 그것도 풀리아의 로세토 발포르토레 출신이었습니다. 미국으로 이민을 떠나온 그들은 삼대 넘게 고향의 식생활을 지켰던 것입니다.

오클라호마 대학 연구 팀은 조사를 통해 주변 지역의 주민들과 달리 로세토 주민들의 심장병 발병율이 낮다는 것을(1960년대까지) 알게 되었습니다. 그곳에는 90~95세나 되는 노인이 많았고, 다들 뚱뚱하기는 해도 의사가 필요 없는 건강체였습니다. 그 원인에 대해 갖가지 가설이 나왔지만, 식습관밖에는 일관된 설명을 찾아낼 수 없었습니다. 적포도주, 스파게티, 피망, 그리고 올리브유를 사용하는 것이 로세토 주민들의 기본적인 요리법이었습니다.

하지만 1960년대 이후에는 이 마을에서도 젊은 세대가 부모나 조부모의 식습관을 버리고 미국풍 식사로 돌아서는 일이 생겼습니다. 그들은 머지않아 동맥과 관련한 병에 걸렸지요. 이것이 이탈리아 전통 요리가 건강에 좋다는 효과를 더욱 확실하게 증명하는 셈이 되었습니다.

◆　이탈리아 이민자들이 모여 사는 이 마을에는 알코올 의존자나 약물 중독자가 없고, 범죄율과 자살률도 매우 낮으며, 심장병 환자 수도 국가 평균치의 절반밖에 되지 않았다. 특히 국민의 주요 사망 원인이 심장병인 상황에서 로세토 주민들은 단연 학계의 주목을 받았다.

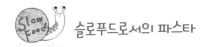 슬로푸드로서의 파스타

이탈리아를 비롯해 세계 각국의 전통적이고 훌륭한 먹을거리를 지키려는 운동이 바로 '슬로푸드 운동'입니다. 1983년에 이탈리아의 전통적인 포도주와 음식을 지키려는 목적으로 설립한 최초의 협회인 '아르치골라'Arcigola가 1986년에 슬로푸드 협회가 되었습니다.** 1989년 12월 15개국 대표자들이 파리에 모여 슬로푸드 선언을 발표하면서 국제적인 운동으로 발전했지요.

슬로푸드 국제협회 회장인 카를로 페트리니Carlo Petrini는 '맛있다, 보기 좋다, 바르다'를 슬로푸드의 세 가지 원칙으로 들었습니다. 그는 무엇을 먹느냐 하는 나날의 선택에서 재출발해 지구의 미래나 환경의 균형, 기후 변동에 대처하는 동시에 경제 위기의 극복을 지향하는 지속 가능한 먹을거리 시스템이 없다면 미래도 없고 행복도 없다고 주장합니다.

이런 경위를 통해 2004년부터 슬로푸드 운동에서는 '테라 마드레'Terra Madre(어머니 대지라는 뜻)라는 세계생산자회의가 중심적인 역할을 맡게 됩니다. 테라 마드레는 농민, 어민, 유목민, 소규모 생산 기술자 등 맛있고 보기 좋고 바른 먹을거리를 제조하거나 유통하는 사람들을 전 세계로부터 일제히 불러 모으는 것을 가장 중요하게 생각

◆◆　1986년 로마 스페인 광장에 맥도날드 체인이 들어서려고 하자, 카를로 페트리니가 주축이 된 '아르치골라'가 이에 반기를 들고 슬로푸드 운동을 전개해 나간 데서 비롯되었다.

합니다. 좀처럼 얼굴 마주칠 일이 없던 사람들이 얼굴을 맞대고 일상적인 문제를 놓고 토론을 벌이는 것이지요. 테라 마드레는 채소나 곡류나 가축 등 그 지역에서 나는 식물이나 동물이 획일화가 아니라 다양화해야만 하고, 비록 생산 비용이 더 들지라도 그 지역의 향토 요리나 특산품을 지켜야 한다고 주장합니다.

근래 200년 사이에 세계를 집어삼킨 공업화는 발전이라는 이름 아래 지구 북반구에 사는 사람들의 생활을 질적으로 향상시켰지만,

거기에는 한계가 뚜렷한 만큼 기존의 방식을 더 이상 고수할 수는 없습니다. 슬로푸드 운동은 그런 생각을 바탕에 깔고, 세계화 물결에 잠긴 후기 산업 사회에서 오늘날의 농업이 다국적 기업에 의해 지배당하고 기술만 우선한 단일 품종을 지향하며 수출을 목적으로 삼는 시스템이 되었다고 규탄합니다.

우리가 이 책에서 고찰해 온 파스타는 면만 있으면 간단하게 만들어서 먹을 수 있는 일종의 패스트푸드이면서도 슬로푸드 운동의 중심에 놓일 만한 음식이기도 합니다. 몇 번이나 설명해 왔듯 파스타는 실로 자연이나 문화와 역사적으로 밀접하게 연관을 맺으면서 탄생하고 성장해 왔기 때문입니다. 게다가 파스타는 과학적으로도 건강에 효과가 있다고 검증받고 있습니다. 파스타는 다른 식재와 궁합이 잘 맞고, 영양의 균형을 쉽게 갖추면서도 포만감을 느낄 수 있습니다. 파스타를 먹으면 아밀라아제라는 소화 효소의 작용으로 전분이 장에서 쉽게 흡수할 수 있는 포도당으로 분해됩니다. 따라서 혈당치는 상승하지만 포도당 자체를 섭취할 때보다 훨씬 시간을 들여 소화가 이루어지지요. 그런 까닭에 장시간 에너지를 공급할 수 있을 뿐 아니라 이자섬에서 인슐린 분비를 마구 자극하지 않음으로써 비만이나 당뇨병을 예방할 수 있습니다.

이탈리아 역사에서 세계사로 무대를 비약적으로 넓힌 파스타는 이제 활약할 수 있는 2단계에 돌입했습니다. 파스타는 이제 더 이상 이탈리아인만의 것이 아니라 세계의 음식입니다. 이제부터 세계사의 어떤 전개와 발맞추며 진화해 갈까요? 설레는 가슴으로 파스타의 변신을 지켜보고 싶군요.

저는 역사가로서 여러분이 세계의 역사를 야무지게 되돌아보고 그것을 통해 현재의 문제를 더욱 잘 이해하여 미래의 지침으로 삼기를 바랍니다. 파스타같이 친근하고도 사소한 것도 웅대한 역사의 흐름과 관계가 있다는 것을 이 책이 전할 수 있다면, 나아가 여러분이 역사에 흥미를 가지는 데 조금이나마 도움이 된다면 더 바랄 것이 없겠습니다.

저자의 말

이탈리아 역사 속에서 파스타가 차지하는 위치를 정확하게 짚어 주는 책이 없을 것 같지는 않습니다. 파스타를 다룬 요리책이나 파스타 맛집 책은 산처럼 쌓여 있고, 정확함이나 자세함에 차이는 있을지라도 파스타의 역사나 이탈리아의 음식 문화에 관한 역사책도 그리 어렵지 않게 찾아볼 수 있습니다. 그러나 마치 씨름 선수가 샅바를 잡는 것처럼 파스타와 이탈리아 역사(정치, 경제, 사회, 문화, 종교 등을 두루 섭렵한 종합적인 역사)를 단단하게 아우르는 책은 이제까지 없었던 듯합니다. 파스타에 관한 매력적인 이야기를 들려주면서도 이탈리아 역사의 기본 틀을 똑똑히 가르쳐 주고 싶다는 욕심 많은 편집자의 요구에 얼마나 부응할 수 있을지 몰라 처음에는 솔직히 내키지 않았지요. 하지만 이 책을 조금씩 써 나가면서 스스로도 놀랄 만큼 파스타와 이탈리아 역사의 불가분한 관계가 뚜렷하게 시야에 들어왔습니다. 그래서 새삼 역사는 참 재미있구나! 하고 결국 흡족한 마음이 들고 말았습니다.

이 책을 쓸 때에는 이탈리아어로 쓰인 책을 많이 참조했지만, 여기에는 일본어로 된 참고문헌만 제시해 둡니다.(258쪽 참조.)

이 책은 졸저『세계의 식문화 15 - 이탈리아』와 필자가 감수한 앤서니 롤리의『미식의 역사』에 이어 식문화에 관한 세 번째 작업입니다. 또한『세계의 식문화15 - 이탈리아』와 내용상 일부 겹치는 대목이 있다는 것을 미리 말해 둡니다.

프랑스인 은사 자크 르 고프 선생님이 예전에 저한테 이렇게 말씀하셨습니다. "음식 문화에 대해서는 마시모 몬타나리라는 훌륭한 이탈리아 연구자가 있으니 자네는 연구하지 않아도 되네. 오히려 중세의 소리 풍경에 관한 역사를 제대로 연구해 보게나." 그 말씀을 가슴에 새겨 왔지만, 무엇보다 음식 문화 계통의 일은 연구 자체가 즐거운 까닭에 집필 의뢰가 오면 금세 수락하고 맙니다. 이제는 그만하겠다고 말하고 싶지만, 예전부터 생각을 곰삭혀 온 주제가 있어서 한 권은 더 써 보고 싶습니다. 중세 먹을거리에 관한 상상을 엮은『환상의 식탁』이라는 책입니다.

이 책을 집필하도록 계기를 마련해 주신 것은 사진가 오무라 츠구사토 씨입니다. 오무라 씨가 찍은 사진을 다수 게재할 수 있어서 그저 기쁠 따름입니다. 주니어 신서인『컬러판 인도 카레 기행』(사진: 오무라 츠구사토)의 자매편으로서 더불어 오랫동안 사랑받는 책이 되기를 바랍니다. 또한 청소년을 위한 책에 처음 도전해 갈팡질팡하는 내게 걸음마를 가르쳐 주듯 집필 요령을 전수해 주신 이와나미 출판사의 편집자 아사쿠라 레이코 씨에게 감사드립니다. 덧붙여야 할 설명과 삭

제해야 할 대목을 분별해 주고, 알기 쉬운 표현으로 수정하는 일을 도와주시는 등 큰 도움을 주셨습니다. 두 분의 힘을 빌리지 않았다면 이 책은 세상의 빛을 보지 못했을 것입니다.

태어나서 지금까지 가슴이 두근두근 설레면서 화사하게 빛나는 일이 별로 없이 밋밋한 인생을 살아온 것 같기도 합니다. 하지만 오늘날 일본 전체, 아니, 세계 전체를 무겁게 짓누르는 분위기를 생각하면 한층 더 걱정스럽기만 합니다.

이 책의 집필을 끝낸 지금, 독자 여러분께, 그리고 나 자신에게도 이렇게 외치고 싶습니다.

"파스타라도 먹고 기운을 냅시다!"

2011년 10월

이케가미 슌이치

池上俊一.『世界の食文化 15 イタリア』. 農山漁村文化協会, 2003.

石毛直道.『麺の文化史』. 講談社学術文庫, 2006.

内田洋子 and Piersanti, Silvio.『トマトとイタリア人』. 文春文庫, 2003.

大塚滋.『パンと麺と日本人―小麦からの贈りもの』. 集英社, 1999.

大矢復.『パスタの迷宮』. 洋泉社(親書y), 2002.

奥村彪生.『日本のめん類の歴史と文化』. 美作大学, 2009.

北原敦 編.『新版 世界各国史 15 イタリア史』. 山川出版社, 2008.

北村暁夫.『千のイタリア―多様と豊穣の近代』. NHK出版, 2010.

森田鉄郎・重岡保郎.『世界現代史 22 イタリア現代史』. 山川出版社, 1977

Capatti, Alberto and Montanari, Massimo. 柴野均 訳.『食のイタリア文化史』. 岩波書店, 2011.

Calvel, Raymond. 山本直文 訳.『パン』. 白水社(文庫クセジュ), 1965.

Molinari, Marco Paolo(.ed). 菅野麻子 訳.『パスタ万歳!』. リベルタ出版, 1999.

Petrini, Carlo. 石田雅芳 訳.『スローフードの奇跡―おいしい、きれい、ただしい』. 三修社, 2009.

알고 먹으면 더 맛있는 스파게티의 뒷모습

박찬일

지구를 나누는 법은 아주 다양하다. 정치 경제적으로 서방과 동방으로 나누고, 계절과 지리적으로 남북 반구로 나눌 수도 있다. 대륙으로 가를 수도 있으며, 인종적인 분류도 가능하다. 물론 '먹는 것'으로 헤아려 볼 수도 있다. '가루'를 먹는 유럽과 '알곡'을 먹는 아시아로 말이다. 알곡은 곧 쌀이고, 우리 민족이 그랬듯 대부분의 아시아 사람들은 오랫동안 쌀 문화권에서 살아왔다. 우리가 아시아 사람들을 볼 때 친밀감을 느끼는 이유 중 하나는, 쌀밥을 먹는다는 사실이다. 우리는 아시아를 여행할 때 한결 마음이 놓인다. 거리가 가까워서이기도 하겠지만 언제든 쌀밥을 먹을 수 있다는 심리적 여유가 한몫한다.

그런 우리에게 유럽은 종종 식문화 '포비아'를 유발하기도 한다. 예전에 유럽으로 유학을 가는 선배들은 쌀을 몇 말씩 들고 갔다. '가루' 음식에 대한 공포 때문이다. 유럽은 가루의 나라다. 무엇이든 가루 내어 빚어 먹었다. 유럽인들은 유로화로 경제적 공동체를 이루고,

빵으로 음식 공동체를 만든다. 그들이 자각하고 있지 않아도, 빵의 존재는 심리적 연대감을 갖게 한다.

그런데 빵을 만드는 가루로 국수를 빚어 먹는 이들이 있다. 바로 이탈리아 반도의 사람들이다. 유럽인들이 빵으로 느슨하게 연대하고 있다면, 파스타는 이탈리아 사람들을 아주 단단하게 연결한다. 스파게티(실이라는 뜻)를 먹는 사람들은 서로를 그 노란색 실로 '묶고' 있는 셈이다. 스파게티는 점차 세계로 뻗어 나갔고, 어쩌면 이제 우리 모두 이 멋진 국숫발로 연결되어 있는지도 모른다. 그러니까 지구는 스파게티 공동체가 될 날이 머지않은 것이다. 쌀밥을 먹는 한국의 학교 급식에 매달 한 번 이상 스파게티 메뉴가 오르고, 거기에 아이들이 환성을 지르는 걸 보면 말이다.

파스타는 마치 이탈리아라는 나라를 위해 탄생한 음식 같다. 우선 파스타는 소금물에 삶아 맛을 들인다. 이탈리아는 삼면이 바다이고 언제든 질 좋은 소금을 구할 수 있다. 소스? 그것은 더 문제없다. 감칠맛이 풍부한 해물과 생선을 바다에서 건져 올릴 수 있고 최고의 조미료인 치즈를 생산하기에 좋다. 삭삭 갈아서 얹기만 하면 맛있는 스파게티를 만들 수 있는 파르메산 치즈의 원산지가 바로 이탈리아다. 게다가 파스타의 색감을 먹음직스럽게 만들어 주고 촉촉한 감칠맛과 영양을 담뿍 머금은 토마토소스가 있다. 토마토는 태양빛이 충분히 내리쬐는 이탈리아를 위해 생겨난 채소 같다. 실은 그것이 아메리카 대륙에서 온 것이라고 해도 말이다. 토마토소스는 이탈리아 전역에서 사랑받지만, 본디 남부 나폴리에서 번성했다. 일본식 스파게티 이름이 '나폴리탄'이라는 것만 미루어 봐도 그렇다. 토마토는 나폴리 특유의 검고 윤기 있는 흙에서 빨갛게 익었다. '악마의 열매'에서 '황금의 과일'(토마토를 뜻하는 이탈리아어 포모도로pomodoro의 원래 의미)로 변하는 데는 오랜 시간이 걸렸다. 그런데 정작 이 토마토소스를 세계화한 건 이탈리아인이 아니었다. 가난한 이탈리아인들은 19세기에 미국으로 줄줄이 이민을 떠났고, 마피아와 함께 토마토소스도 퍼뜨렸다. 이 붉고 매력적이며 달콤한 소스는 유럽에서 2차 세계대전을 치르는 미군의 식량으로 이용되면서 유럽으로 '거꾸로' 토마토 문화를 이식했다. 본디 아메리카 대륙에서 생겨난 토마토가 이 대륙을 침공한 스페인에 의해 유럽 대륙으로 전해지고, 다시 아메리카로 되돌아오는 별난 역사를 만들어 갔던 것이다. 이때 일본에서 미국식 토마토케첩으로 만든 나폴리탄 스파게티가 유행하기 시작했다는 것도 역사의 역동성을 잘 설명해 주는 대목이다.

그뿐만이 아니다. 미군은 한국에도 주둔하게 되고, 그들이 통조림으로 만든 토마토 파스타(우리가 마카로니라고 오랫동안 부르던)가 남대문 시장과 부산 국제시장의 암시장에 풀리면서 한국인의 입맛까지 사로잡게 된다. 물론 이 책에서는 한국의 파스타 전래에 대해서 다루지 않았고 국내 연구도 아직 이루어지지 않았다. 아마도 19세기 말 개항 시기에 인천과 서울에 생긴 근대식 호텔에서 파스타(곡옥曲玉처럼 생긴 마카로니)를 팔았을 가능성이 높다. 그러나 한국은 오랫동안 이탈리아 파스타의 불모지였다. 1986년 어느 신문 기사에 "파스타(이탈리아식 빈 대떡)" 하고 잘못된 정보가 실렸던 것을 보면, 그때까지도 파스타가 무엇인지 상류사회에서조차 몰랐던 것 같다. 1962년도 신문에 "스파게티(이따리안 국수)" 하고 나오는 것으로 보아 스파게티란 말은 일찍부터 알려졌으나, 파스타와 스파게티를 전혀 별개의 요리처럼 인식했다. 마카로니는 그보다도 일찍이 알려진 음식으로 1935년 동아일보에 나폴리발 외신으로 "이탈리아군이 병력과 마카로니 2천 포대를 싣고 전장으로 이동"한다는 기사가 실려 있다. 또 1937년 기사에 실린 수입 금지 품목에 마카로니가 들어 있는 것으로 보아, 그전에 이미 수입되어 조선 땅에서 먹고 있었던 모양이다. 파스타와 마카로니, 스파게티를 각기 다른 음식으로 알고 있었다는 얘기다. 어쨌든 파스타는 마카로니라는 이름으로 전해져 스파게티를 거쳐, 그 후 드라마 「파스타」에 이르러서야 비로소 파스타가 모든 면 종류를 일컫는 용어라는 정확한 개념이 한국에서 확인된 셈이다. 경양식집 메뉴에서 간이 파스타 가게를 거쳐 이탈리아 식당으로 이어지는 유전流轉을 겪고서 지금에 이른 것이다.

파스타는 넉넉한 소스와 맛있는 고명이 올라간 음식이지만, 처음부터 죽 그래 왔던 것은 아니다. 이탈리아에 가면, 파스타를 국물에 넣어서 스프처럼 떠먹거나 소금물에 삶아서 치즈 정도만 뿌려 먹는 단순한 파스타가 흔하다. 이 책의 저자 이케가미 슌이치는 이 전통적인 파스타를 현미경처럼 추적해 그 뿌리를, 중세에 만들어진 치즈 뿌린 파스타와 고기 삶은 물에 넣어 먹는 전통 파스타를 찾아낸다.

이 책의 가장 놀라운 미덕은 우리 식탁에 오른 한 그릇의 파스타에서 문명 교류사의 거대한 흐름을 복원하고 있다는 것이다. 그리스에서 전해진 것으로 보이는 파스타의 할아버지, 그리고 로마 시대의 파스타, 게르만족의 침입으로 인해 바뀐 파스타 문화와 이후 아랍인이 전해 준, 현대적인 파스타의 원형이라고 할 수 있는 건조 파스타의 역사까지 훑어간다. 한 그릇에 담긴 파스타는 영양학의 눈으로 보면 대략 500~600칼로리로 계산되며, 함유하고 있는 당과 전분, 아미노산의 종류도 따져 볼 수 있다. 미각적인 측면에서도 텔레비전 프로그램에 나오는 유명한 '셰프'들처럼 파스타 맛에 대해 다양한 비평을 쏟아낼 수 있으며, 저자가 한 대목으로 중요하게 다루듯 '엄마의 손맛'과 '모유 같은 파스타'의 의미를 곱씹어 볼 수도 있다. 무엇보다 평범한 파스타 한 그릇 안에서 역사가 종횡으로 움직이고 전쟁과 수탈 같은 피비린내 나는 싸움도 그 안에 담겨 있다는 또렷한 역사 인식은 이 책의 가장 멋진 장점이라고 하겠다.

시중에 이탈리아 요리와 파스타를 다룬 책은 많이 나와 있다. 그러나 이 책처럼 완벽하게 파스타의 시작과 끝을 다룬 책은 없다. 참고로, 책 제목에는 '후룩후룩'이라는 의성어가 들어가지만 재미있게도 이탈리아에서는 스파게티를 먹을 때 절대 소리를 내면 안 된다. 또하나, 저자가 직접 설명해 주지는 않지만 책을 읽다 보면 우리의 오랜

궁금증 하나도 스르륵 풀린다. 스파게티와 파스타가 결코 다른 음식
이 아니라는 것!

박찬일

글 쓰는 요리사. 이탈리아에서 요리와 와인을 공부했다. 현재 '몽로'의 주방장이며 신문에 음식 칼럼을 연재 중
이다. 저서로 『뜨거운 한입』 『백년식당』 『보통날의 파스타』 『지중해 태양의 요리사』 『추억의 절반은 맛이다』 등이
있다.

이탈리아 연대표

BC 9000~7000	**메소포타미아에서 밀 재배 시작**
BC 800	시칠리아와 반도 남부에 그리스 식민지 건설 시작
BC 753	전해져 내려오는 바에 따르면, 로물루스Romulus가 로마를 건국
BC 7세기 말	에트루리아인의 로마 지배(BC 6세기 말까지)
BC 509	로마 공화정 성립
BC 264	세 번에 걸친 포에니 전쟁(~BC 146) 시작, 해외 속주 확장
BC 46	율리우스 카이사르가 독재관에 등극
BC 27	아우구스투스가 최초의 로마 황제에 등극
117	트라야누스Trajanus 황제 치하에 이르러 로마 제국의 판도가 최대에 달함
303	기독교도에 대한 최후의 대박해 시작
313	콘스탄티누스 황제의 기독교 공인
4세기 말	**아피키우스Apicius의 이름으로 전하는 『요리책』에 라자냐와 비슷한 요리법 수록**
410	서고트족 로마 약탈
476	게르만족 용병대장 오도아케르가 로마를 약탈, 서로마 제국 멸망
493	동고트족 테오드릭 왕이 오도아케르를 모살, 이탈리아에 동고트 왕국 건국
535	비잔틴군 시칠리아 상륙, 이듬해 로마 점령

568	랑고바르드족 이탈리아에 침입해 랑고바르드 왕국 건국
756	프랑크 왕국의 피핀 단신왕이 랑고바르드 왕으로부터 옛 비잔틴령을 빼앗아 교황에게 봉헌
800	교황 레오 3세가 샤를마뉴의 서로마 제국 황제 대관식을 거행
870	메르센 조약으로 프랑크 왕국 삼분
902	이슬람 아글라브 왕조가 시칠리아 섬 전역 지배
962	독일 왕 오토 1세가 이탈리아를 포함한 신성 로마 제국 황제로 등극
1075	교황 그레고리오 7세와 황제 하인리히 4세의 권력 투쟁 시작
1096년경	볼로냐에서 코무네 성립
1130	시칠리아 백작 루제로 2세가 양 시칠리아 왕국 건국(노르망 왕조)
12세기경	**이탈리아에 삼포제 농법 보급**
1154년경	**아랍 지리학자 알 이드리시가 발레르모 근교 건조 파스타 산업에 대해 보고함**
1167	롬바르디아 도시 동맹을 결성해 신성 로마 제국의 황제에게 대항하는 겔프당의 중심이 됨
1187	비잔틴 황제가 베네치아에 특권 부여
1215	피렌체에서 겔프당과 기벨린당의 대립 시작
1279	**제노바에서 작성된 재산 목록에 '나무 상자 하나를 가득 채운 마카로니' 등장**
13세기 말	**프라 살림베네가 『연대기』에서 각종 파스타에 대해 기술**
13세기 말~14세기 초	**나폴리의 『요리책』에 끓는 물에 삶아 조리하는 라자냐 등장**
1347~1349	흑사병이 크게 유행해 각지에서 사망자 대량 발생

1353	보카치오 『데카메론』 완성, 8일째 세 번째 이야기에 이상향 '벤고디'Bengodi 등장
1442	스페인의 아라곤 왕 알폰소 5세가 나폴리 왕국 정복
15세기 중반	**코모의 마르티노가 『요리의 기술』에서 세 가지 파스타 요리법 소개**
1492	콜럼버스 신대륙 발견
1494	프랑스 왕 샤를 8세 이탈리아 원정, 이탈리아 전쟁 시작(~1559)
1506	산 피에트로 대성당 개축 시작, 라파엘로, 미켈란젤로, 베르니니 같은 르네상스와 바로크 시대 예술가들이 협력(1626년 준공)
1532	피렌체는 공화제에서 군주제로 이행
1554	**이탈리아에 토마토 전파**
1559	카토-캉브레지 조약, 스페인 합스부르크 가문이 이탈리아 태반을 직접 통치
16세기 중반~17세기	**각지 도시에서 파스타 길드 형성**
1570	**바르톨로메오 스카피의 『오페라』에 파스타 요리법 다수 등장**
1584	에스테 가문의 식탁에 호박으로 만든 토르텔리가 올라옴
16세기 말	**기계식 그라몰라와 토르키오 출현**
17세기 초	**조반니 델 투르코가 '알덴테' 권장**
1647	나폴리에서 마사니엘로의 반란 일어남
17세기 후반~	**나폴리에서 '베르미첼리'(스파게티) 확산**
17세기 말	**나폴리의 안토니오 라티니가 토마토소스 개발**
1786	괴테 1차 이탈리아 여행(~1788) 시작, 『이탈리아 기행』은 1816, 1817년에 간행

1796	나폴레옹이 북부 이탈리아 대부분 지역 점령해 몇몇 공화국 수립
1814	나폴레옹 실각 후 교황령, 여러 공국, 사르데냐 왕국, 양 시칠리아 왕국으로 분열
1831	마치니 '청년 이탈리아당' 결성
1849	프랑스군 로마 공화국 점거
1861	이탈리아 왕국 성립, 사르데냐의 비토리오 에마누엘레 2세가 초대 왕으로 등극
1870	1866년 베네토에 이어 라치오 통합, 이듬해 로마를 수도로 정함
1880년대~	남이탈리아에서 미국으로 대대적인 이민 시작
1891	**펠레그리노 아르투시 『요리의 과학과 맛있게 먹는 방법』 출간**
1915	1차 세계대전 발발 후 삼국 동맹 파기, 협상국 진영에서 참전
1922	파시스트당 무솔리니 내각 성립
1930	**마리네티 '미래파 요리 선언' 발표**
1935	이탈리아군의 에티오피아 침략 개시
1940	2차 세계대전 참전
1943	연합군과 휴전 협정, 독일군이 나폴리 이북을 지배해 종전까지 연합군과 전투
1946	국민 투표로 왕정이 폐지되고 이탈리아 공화국 선포
1951	유럽 석탄 철강 공동체 발족